我的祖父谭嗣同

谭训聪 著

Tan Si Tong

回望丛书

黄山书社

图书在版编目(CIP)数据

我的祖父谭嗣同 / 谭训聪著. —合肥:黄山书社,2018.11

(回望丛书)

ISBN 978-7-5461-7778-6/01

Ⅰ.①我… Ⅱ.①谭… Ⅲ.①谭嗣同(1865-1898)-生平事迹
Ⅳ.①B254

中国版本图书馆 CIP 数据核字(2018)第 251708 号

我的祖父谭嗣同 谭训聪 著

出品人 贾兴权
策　　划 陈志明　朱莉莉
责任编辑 常舒雅
装帧设计 观止堂_未氓　孔舒琴
责任印制 李　磊
出版发行 时代出版传媒股份有限公司(http://www.press-mart.com)
黄山书社(http://www.hspress.cn)
地址邮编 安徽省合肥市蜀山区翡翠路 1118 号出版传媒广场 7 层 230071
印　　刷 安徽国文彩印有限公司
版　　次 2019 年 4 月第 1 版
印　　次 2021 年 3 月第 2 次印刷
开　　本 880mm×1230mm 1/32
字　　数 200 千字
印　　张 7.75
书　　号 ISBN 978-7-5461-7778-6/01
定　　价 29.80 元

服务热线 0551-63533768
销售热线 0551-63533788
官方直营书店(https://hsss.tmall.com)

目　录

谭嗣同传（代序一）

梁启超

谭君，字复生，又号壮飞，湖南浏阳县人。少倜傥有大志，淹通群籍，能文章，好任侠，善剑术。父继洵，官湖北巡抚。幼丧母，为父妾所虐，备极孤孽苦，故操心危，虑患深，而德慧术智日增长焉。弱冠从军新疆，游巡抚刘公锦棠幕府。刘大奇其才，将荐之于朝；会刘以养亲去官，不果。自是十年，来往于直隶、新疆、甘肃、陕西、河南、湖南、湖北、江苏、安徽、浙江、台湾各省；察视风土，物色豪杰。然终以巡抚君拘谨，不许远游，未能尽其四方之志也。

自甲午战事后，益发愤提倡新学，首在浏阳设一学会，集同志讲求磨砺，实为湖南全省新学之起点焉。时南海先生方倡强学会于北京及上海，天下志士，走集应和之。君乃自湖南溯江，下上海，游京师，将以谒先生，而先生适归广东，不获见。余方在京师强学会任记纂之役，始与君相见，语以南海讲学之宗旨，经世之条理，则感动大喜跃，自称私淑弟子，自是学识更日益进。时和议初定，人人怀国耻，士气稍振起。君则激昂慷慨，大声疾呼。海内有志之士，睹其丰采，闻其言论，知其为非常人矣。以父命就官为候补知府，需次金陵者一年；闭户养心读书，冥探孔佛之精奥，会通群哲之心法，衍绎南海之宗旨，成《仁学》一书。又时时至上海与同志商量学术，讨论天下事，未尝与俗吏一相接；君常自谓"作吏一年，无异入山"。

时陈公宝箴为湖南巡抚，其子三立辅之，慨然以湖南开化为己任。丁酉六月，黄君遵宪适拜湖南按察使之命；八月，徐君仁铸又来督湘学。湖南绅士□□□□□□□□□等蹈厉奋发，提倡桑梓，志士渐集于湘楚。陈公父子与前任学政江君标，乃谋大集豪杰于湖南，并力经营，为诸省之倡；于是聘余及□□□□□□等为学堂教习，召□□□归练兵。而君亦为陈公所敦促，即弃官归，安置眷属于其浏阳之乡，而独留长沙，与群志士办新政。于是湖南倡办之事，若内河小轮船也，商办矿务也，湘粤铁路也，时务学堂也，武备学堂也，保卫局也，南学会也，皆君所倡论擘画者；而以南学会最为盛业。设会之意，将合南部诸省志士，联为一气，相与讲爱国之理，求救亡之法，而先从湖南一省办起，盖实兼学会与地方议会之规模焉。地方有事，公议而行，此议会之意也；每七日大集众而讲学，演说万国大势及政学原理，此学会之意也。于时君实为学长，任演说之事。每会集者千数百人。君慷慨论天下事，闻者无不感动。故湖南全省风气大开，君之功居多。

今年四月，定国是之诏既下，君以学士徐公致靖荐，被征；适大病不能行，至七月乃扶病入觐，奏对称旨。皇上超擢四品卿衔军机章京，与杨锐、林旭、刘光第同参预新政，时号为军机四卿。参预新政者，犹唐宋之参知政事，实宰相之职也。皇上欲大用康先生，而上畏西后，不敢行其志。数月以来，皇上有所询问，则令总理衙门传旨，先生有所陈奏，则著之于所进呈书之中而已。自四卿入军机，然后皇上与康先生之意始能稍通，锐意欲行大改革矣。而西后及贼臣忌益甚，未及十日，而变已起。君之始入京也，与言皇上无权西后阻挠之事，君不之信。及七月二十七日，皇上欲开懋勤殿设顾问官，命君拟旨，先遣内侍持历朝圣训授君，传上言康熙、乾隆、咸丰三朝有开懋勤殿故事，令查出引入上谕中，盖将以二十八日亲往颐和园请命西后云。君退朝，乃告同人曰："今而知皇上之真无权矣。"至二十八日，京朝人人咸知懋勤殿之事，以为今日谕旨将下，而卒不下，于是益知西后与帝之不相容矣。二十九日，皇上召见杨锐，遂赐衣带诏，有"朕位几不保，命康与四卿及同志速设法筹救"之诏。君与康先生捧诏恸哭，而皇上手无寸柄，无所为计。时诸将之中，惟袁世凯久使朝鲜，讲中外之故，力主变法。君密奏请皇上结以恩遇，冀缓急或可救助，词极激切。八月初一日，上召见袁世凯，特赏侍郎。初二日复召见。初三日夕，君径造袁所寓之法华寺，直诘袁曰："君谓皇上何如人也？"袁曰："旷代之圣主也。"君曰："天津阅兵之阴谋，君知之乎？"袁曰："然，固有所闻。"君乃直出密诏示之曰："今日可以救我圣主者惟在足下，足下欲救则救之。"又以手自抚其颈曰："苟不欲救，请至颐和园首仆而杀仆，可以得富贵也。"袁正色厉声曰："君以袁某为何如人哉？圣主乃吾辈所共事之主，仆与足下同受非常之遇，救护之责，非独足下，若有所教，仆固愿闻也。"君曰："荣禄密谋，全在天津阅兵之举，足下及董、聂三军，皆受荣所节制，将挟兵力以行大事。虽然，董、聂不足道也，天下健者惟有足下。若变起，足下以一军敌彼二军，保护圣主，复大权，清君侧，肃宫廷，指挥若定，不世之业也。"袁曰："若皇上于阅兵时疾驰入仆营，传号令以诛奸贼，则仆必能从诸君子之后，竭死力以补救。"君曰："荣禄遇足下素厚，足下何以待之？"袁笑而不言。袁幕府某曰："荣贼并非推心待慰帅者。昔某公欲增慰帅兵，荣曰：'汉人未可假大兵权。'盖向来不过笼络耳！即如前年胡景桂参劾慰帅一事，胡乃荣之私人，荣遣其劾帅而已查办，昭雪之以市恩；既而胡即放宁夏知府，旋升宁夏道。此乃荣贼心计险极巧极之处，慰帅岂不知之?”君乃曰：“荣禄固操莽之才，绝世之雄，待之恐不易易。”袁怒目视曰：“若皇上在仆营，则诛荣禄如杀一狗耳。”因相与言救皇上之条理甚详。袁曰：“今营中枪弹火药皆在荣贼之手，而营哨各官亦多属旧人。事急矣！既定策，则仆须急归营，更选将官，而设法备贮弹药则可也。”乃丁宁而去，时八月初三夜漏三下矣。至初五日，袁复召见，闻亦奉有密诏云。至初六日变遂发！时余方访君寓，对坐榻上，有所擘划，而抄捕南海馆（康先生所居也）之报忽至，旋闻垂帘之谕。君从容语余曰：“昔欲救皇上既无可救，今欲救先生亦无可救，吾已无事可办，惟待死期耳！虽然，天下事知其不可为之，足下试入日本使馆，谒伊藤氏，请致电上海领事而救先生焉。”余是夕宿日本使馆，君竟日不出门，以待捕者；捕者既不至，则于其明日入日本使馆与余相见，劝东游，且携所著书及诗文辞稿本数册家书一箧托焉。曰：“不有行者，无以图将来；不有死者，无以酬圣主。今南海之生死未可卜，程婴杵臼，月照西乡，吾与足下分任之。”遂相与一抱而别。初七八九三日，君复与侠士谋救皇上，事卒不成。初十日遂被逮。被逮之前一日，日本志士数辈劝君东游，君不听。再四强之，君曰：“各国变法，无不从流血而成，今日中国未闻有因变法而流血者，此国之所以不昌也。有之，请自嗣同始！”卒不去，故及于难。君既系狱，题一诗于狱壁曰：“望门投宿（止）

思张俭，忍死须臾待杜根。我自横刀向天笑，去留肝胆两昆仑。”盖念南海也。以八月十三日斩于市，春秋三十有三。就义之日，观者万人；君慷慨，神气不少变。时军机大臣刚毅监斩，君呼刚前曰：“吾有一言！”刚去不听，乃从容就戮。呜呼烈矣！

君资性绝特，于学无所不窥，而以日新为宗旨，故无所沾滞；善能舍己从人，故其学日进。每十日不相见，则议论学识必有增长。少年曾为考据笺注金石刻镂诗古文辞之学，亦好谈中国古兵法；三十岁以后，悉弃去，究心泰西天算格致政治历史之学，皆有心得。又究心教宗，当君之与余初相见也，极推崇耶氏兼爱之教，而不知有佛，不知有孔子；既而闻南海先生所发明《易》《春秋》之义，穷大同太平之条理，体乾元统天之精意，则大服；又闻《华严》性海之说，而悟世界无量，现身无量，无人无我，无去无住，无垢无净，舍救人外更无他事之理；闻相宗识浪之说，而悟众生根器无量，故说法无量，种种差别，与圆性无碍之理，则益大服。自是豁然贯通，能汇万法为一，能衍一法为万，无所里碍，而任事之勇猛亦益加。作官金陵之一年，日夜冥搜孔佛之书；金陵有居士杨文会者，博览教乘，熟于佛故，以流通经典为己任，君时时与之游，因得遍窥三藏，所得日益精深。其学术宗旨，大端见于《仁学》一书，又散见于与友人论学书中。所著书《仁学》之外，尚有《寥天一阁文》二卷，《莽苍苍斋诗》二卷，《远遗堂集外文》一卷,《札记》一卷,《兴算学议》一卷,已刻《思纬壹壶台短书》一卷,《壮飞楼治事》十篇,《秋雨年华之馆丛脞书》四卷,《剑经衍葛》一卷,《印录》一卷,并《仁学》皆藏于余处,又政论数十篇见于《湘报》者,及与师友论学论事书数十篇,余将君之石交□□□□□□□□□□等共搜辑之,为《谭浏阳遗集》若干卷,其《仁学》一书,先择其稍平易者,附印《清议报》中,公诸世焉。君平生一无嗜好,持躬严整,面棱棱有秋肃之气。无子女;妻李闰,为中国女学会倡办董事。

论曰:复生之行谊磊落,轰天撼地,人人共知,是以不论;论其所学,自唐宋以后呫哔小儒,徇其一孔之论,以谤佛毁法,固不足道,而震旦末法流行,数百年来,宗门之人,耽乐小乘,堕断常见,龙象之才,罕有闻者。以为佛法皆清净而已,寂灭而已。岂知大乘之法,悲智双修,与孔子必仁且智之义,如两爪之相印。惟智也,故知即世间即出世间,无所谓净土;即人即我,无所谓众生。世界之外无净土,众生之外无我;故惟有舍身以救亲生。佛说:“我不入地狱,谁入地狱?”孔子曰:“吾非斯人之徒舆,而谁与?”“天下有道,丘不与易。”故即智即仁焉。既思救众生矣,则必有救之之条理;故孔子治《春秋》,为大同小康之制,千条万绪,皆为世界也,为众生也。舍此一大事,无他事也。《华严》之菩萨行也,所谓誓不成佛也。《春秋》三世之义,救过去之众生与救现在之众生，救现在之众生与救将来之众生，其法异而不异；救此土之聚生与救彼土之众生，其法异而不异；救全世界之众生与救一国之众生，救一人之众生，其法异而不异；此相宗之唯识也。因众生根器，各各不同，故说法不同，而实法无不同也。既无净土矣，既无我矣，则无所希恋，无所挂碍，无所恐怖。夫净土与我且不爱矣，复何有利害毁誉称讥苦乐之可以动其心乎？故孔子言不忧不惑不惧，佛言大无畏，盖即仁即智即勇焉。通乎此者，则游行自在，可以出生，可以入死；可以仁，可以救众生。

复生府君传（代序二）

谭传赞

府君讳嗣同，字复生，别号壮飞，光禄公三子也。少倜傥有大志，博学强识，性孝友，能文章，见义勇为，好任侠，善剑术。生十一年，遭母徐太夫人丧，哀恸孺慕，临奠遵礼，有逾成人。年十二，遘厉死，死三日苏，神气湛然，智慧顿增，有识者咸目为异才焉。弱冠从新疆巡抚刘襄勤公军，西域底定，刘大奇之，特荐于朝，以知府归浙江补用。

府君兄弟三人，皆博学多能，有称于时。伯早丧，仲以知州需次台湾，见重当道，未几遽殒。时公在京师，候试京兆，未及闻丧，悲恸申旦不寐，即戒行罢试，南返扶榇首丘。光绪辛卯，光禄公左足生疽，医久不瘳，数濒于危，府君口吮其毒而愈，此其天性笃挚，有过人者。公自遭家多难，感人事之靡恒，乃澹经求，肆力于学，博览精研，目不窥园者数年。于是志量益宏，学业益修，而名亦益显矣。

自甲午战后，府君睹外患之日迫，时事之浸非，深怀剥床及肤之国之种之惧。就官为候补知府，需次江苏，思得当以报国。往来上海，与诸志士提倡新学，奔走呼号，不惮以先觉为己任。会义宁陈公宝箴巡抚湖南，励精图治，欲以开化湖南为天下倡。闻府君名，敦促回湘，赞助一切新政。于是佐陈公开南学会、保卫局及时务学堂，网罗人才，极一时选。故湖南风气之开，推陈公为首功，而实皆府君所擘画也。

戊戌六月，以侍郎李公端棻、学士徐公致靖、湘抚陈公宝箴等荐，被征入都，召对垂询新政。条对称旨，赏四品卿衔军机章京上行走，参预新政事宜。时同值者为刘公光第、杨公锐、林公旭，号四卿，如四相焉。乃未及旬，党祸猝发，以八月十三日成仁于京师，春秋三十有四，就义之日，神色慷慨。

方府君之未被逮也，日本志士多人，劝公东游，不听，再四强之，府君曰："各国变法，无不从流血而成，今日中国未闻有因变法而流血者，此国之所以不昌也。有之，请自嗣同始！"卒不去，故及于难。视死如归如此，呜呼烈矣！

府君于学无所不窥，而以日新为宗旨，不沾滞于一端。少时曾为考据辞章之学。三十以后，悉弃之，一意于泰西天算格致政治历史有用之学。自汇三十以前诗文若干卷，付之剞劂，颜曰

谭嗣同

《旧学四种》示不复也。又究心宗教，于孔佛耶三家精意奥义，无不深窥体悟，豁然贯通。官江苏时，日夜冥搜三家之书，著《仁学》二卷，其学术宗旨，大端皆见于此。其外尚有《兴算学议》一卷、《浏阳谭氏谱》四卷、《壮飞楼治事》十篇、《秋雨年华馆丛脞书》四卷、《剑经衍葛》一卷、《印录》一卷、政论数十篇、师友论学论事数十篇，稿皆散佚于京师，存于家者仅十之一二而已。妻长沙李氏，前清进士安徽安庐滁和道寿蓉之次女。子一传兰生，殇，以仲兄嗣襄于传炜兼祧。

谭嗣同先生传略（代序三）

仇　同

一九五七年，余与浏阳谭训聪先生同任教于“省立台东师范”。训聪先生为乡先贤谭嗣同公之嫡孙，课余，辄为余述其祖生平治学与行事綦详，并出示其所撰《先祖嗣同公家传》，及有关资料甚多。余受而读之即笔记其概要，约一万五千余言。越明年，训聪先生北行，而余则南游。流光如矢，别来行复五年。训聪先生每辱书，必询余有无文字以志其祖者。兹偶检书箧，得旧日笔记而编次之，为谭嗣同先生传略。

先生姓谭氏，讳嗣同，字复生，湖南浏阳人。生既十二年，染疫独厚，死三日更苏，故父名之复生。至三十，先生以为雕虫篆刻，壮夫不为，因深悔少时精力，敝于辞章考据，由是自号壮飞

先生七世祖濬轩公避明末乱，自长沙迁浏阳。曾祖经义，祖学琴，皆为通儒。父继洵，官至湖北巡抚。母徐氏。先生以同治

四年二月十三日生于北京寓邸。五岁受书，即审四声，能属对。十二岁，母徐夫人染疫卒，自是为父妾所虐，备极孤孽苦。弱冠从军新疆，游巡抚刘公锦棠幕府，刘大奇其才，将荐之于朝，会刘以养亲去官，不果。此后十年，来往于直隶、新疆、甘肃、陕西、河南、湖南、湖北、江苏、安徽、浙江、台湾……各省，察视风土，物色豪杰。其在《三十自纪》中有云："十年中行万有余里，合数都八万余里，引而长之，堪绕地球一周。"然以其父不许远游，犹未能尽其四方之志也。

先生娴技击，善骑射，尤乐驰骋。居甘时，曾于隆冬朔雪，挟骑疾驰，凡七昼夜，行千六百里。所经岩谷阻深，都无人迹，载饥载渴，斧冰作糜。遇西北风大作，砂石击人，先生意气自若，髀肉狼藉，濡染裤裆矣。

先生资性绝特，于学无所不窥，而以日新为尚。惟其日新，故勇于进取，而其学日进。新会梁氏称之"每十日不相见，则议论学识，必有增长"。先生少年曾为考据笺注金石刻镂诗古文辞之学，亦好谈中国古兵法；三十以后，悉弃去，究心泰西天算格致政治历史之学，皆有心得。

自甲午战事后，益发愤提倡新学。首在浏阳设一学会，集同志讲求摩厉，实为吾湘新学之起点。时康南海倡强学会于北京，天下志士，走集应和之。先生自湖南溯江至上海，游京师，将以谒南海，而南海适归广东，不获见。梁任公时在强学会任纪纂之役，一见定交，因语先生以南海讲学之宗旨。先生感动大喜，自称私淑弟子。时光绪二十一年乙未，先生三十有一矣。

明年春，以父命就官，为候补知府，需次金陵者一年。金陵有居士杨仁山者，博览教乘，精通佛典。先生与之游，因以遍窥三藏。又时时至上海与同志商量学术，因得深探孔佛之精奥，会通群哲之心法，成《仁学》一书。又自集其少年所为诗文，付刊于金陵，名曰《旧学四种》，示不复为也。

光绪二十三年丁酉，应湖南巡抚陈宝箴之邀，弃官归长沙。陈公以湖南开化为己任，新人物江标、徐仁铸先后来湘督学，黄遵宪亦拜湖南按察使之命。一时湘中豪绅，闻风奋起。先生与群志士并力经营，欲以湖南一省办新政，为天下倡。若内河小轮、商办矿务、湘粤铁路、时务学堂、保卫局、《湘学报》等，皆先生所倡论擘画者。又倡设南学会，集诸志士讲爱国之理，救时之方。地方有事，公议而行。每七日集众讲学，先生为学长，任演说之责，慷慨论天下事，闻者无不感动。

越年戊戌四月，定国是之诏既下，先生以学士徐公致靖荐，被征；适大病不能行。秋七月，扶病入觐，奏对称旨，擢四品卿衔，军机章京。与杨锐、林旭、刘光第同参预新政，时号“军机四卿”——参预新政者，犹唐宋之参知政事，实宰相之职也。光绪

湖南时务学堂总理及教习合影

帝欲大用康南海，而上畏西后，不敢行其志。自四卿入军机，然后帝与南海之意始能稍通，锐意欲行大改革矣，而西后及旧党忌益甚。西后嬖人荣禄握重兵，居近地，密谋欲乘天津阅兵之举，以启非常之变。帝闻深忧之。召杨锐，赐衣带诏，命康与四卿速筹救。时诸将中惟袁世凯久使朝鲜，颇明大势，主变法。先生密奏帝结以恩遇，缓急或可救助。帝即召见袁，特赏侍郎。八月初三日夕，先生径造袁寓说之，动之以忠义。袁诺曰："若皇上于阅

谭嗣同的刎颈交唐才常

兵时,疾驰入仆营,竭死以图之。”因相与言救主之策划甚详。不意袁竟向荣禄告密,而事变生矣。初六日,抄南海馆,旋闻垂帘之谕。先生知事已不可为,竟日不出门,以待捕者。捕者既不至,则于明日入日本使馆,劝梁任公东行,且携所著书及诗文辞稿本数册,家书一箧托焉。曰:“不有行者,无以图将来;不有死者,无以酬圣主。今南海之生死米可,程婴杵臼,月照西乡,吾与足下分任之。”遂相与一抱而别。至初十日遂被逮。被逮之前一日，日本志士数辈劝先生东游，先生不听，再四强之，先生曰：“各国变法，无不从流血而成，今中国未闻有因变法而流血者，此国之所以不昌也。有之，请自嗣同始！”卒不去，故及于难，以八月十三日弃市。春秋三十有四。就义之日，观者万人，先生神色不少变。呜呼！烈矣！同日成仁者尚有杨锐、林旭、刘光第、杨深秀及康广仁五人，史合称戊戌六君子。

先生之成仁也，其刎颈交唐才常恸哭辞家，欲如京师收葬。至上海，则先生忠骸已南下，因不果往。遂东渡谒南海。越二年而有汉口之事。

浏阳谭氏渊源

浏阳谭氏以国为氏，春秋时代有鄿国。清段玉裁云："鄿谭为古今字也。"

按：谭训聪原注：鄿子国封地在今山东省济南（历城）东十七里龙山镇，汉代名东平陵县（见近人谭耀华所编《谭氏志》及晋代杜预左传注《汉书·地理志》）。

浏阳谭氏，明初为闽人，著籍福建清流县。远祖渊佐明成祖与靖难之师，死夹河之战。事定，叙功追封崇安侯，故后世以武功显。四传宗纶公官湖广行省总兵官，佩平蛮将军印。剿九溪蛮有功，久留湖广，故其子功安、功完留居焉。功安公定居湖广省长沙县，又三传逢琪公避明季流寇之难，率弟及侄肇迁浏阳县东乡宝盖洞，遂为浏阳人。

迁居浏阳县后，卜居浏阳县城梅花巷丹桂坊，故邑人称梅花巷谭氏。世代以教读为生，笃学固穷，不改厥志，至先祖王父学琴(贵才)公,以父病家贫,屈身为县吏。学琴公有四子,长继升(海峤)、次继埔(子朴)、三继洵(敬甫)、四继猷(幼殇),除幼殇者外,三子均有建树。继洵公为先祖生父,于清宣宗道光三年(1823)癸未九月二十九日生,道光二十九年(1849)已酉科举人,咸丰十年(1860)庚申科进士,官至湖北巡抚,母徐太夫人,同邑北乡芦烟洞人,生于清宣宗道光九年(1829)己丑十一月二十五日。道光二十七年归谭氏,勤俭和肃,持家有节度。

同怀兄姊四人:伯兄嗣贻,字癸生,咸丰三年(1853)癸丑年生,长公十三岁。仲兄嗣襄,字泗生,咸丰七年(1857)丁巳年生,长公九岁。长姊嗣怀,字同邑宋氏,在室殇。次姊嗣淑,适广西灌阳县唐景崶。异母弟妹五人,弟殇二人,季弟嗣冏,字秦生,光绪五年(1879)生。妹殇一人。幼妹嗣嘉适湘乡刘国祉。

先祖生平（甲）

清同治四年乙丑(1865),一岁

是年阳历二月十三日,先公生于京邸宣武门外阑眠胡同(即今日宣武门外烂熳胡同)。时敬甫公官户部主事。

时太平天国初亡,河南捻军起……

公生平为学从政之挚友,义宁陈宝箴年已三十五。池州杨文会年已二十八。长沙皮锡瑞年已十三。梅县黄遵宪年已十五。新化邹代钧年已十二。南海康有为年方九岁。钱塘汪康年年方九岁。宜兴徐仁铸年方二岁。吴县江标年九岁。平阳宋衡年三岁。

同治五年丙寅(1866),二岁

是年孙中山先生诞生。

同治六年丁卯(1867),三岁

先烈唐才常生,小公两岁。

同治七年戊辰(1868),四岁

同治八年己巳(1869),五岁

开始受书,与仲兄俱事毕莼斋师。事载先公撰《远遗堂集外文初编》。

同治九年庚午(1870),六岁

从云南杨先生读书(杨先生名不可考)。事载《先妣徐夫人逸事状》后段。

同治十年辛未(1871),七岁

徐太夫人挈伯兄(嗣贻)南归就婚东门浏阳黎氏,置公于京师,戒毋念;公目泪盈眶,强抑不令出,然实内念致疾。

同治十一年壬申(1872),八岁

与伯兄(嗣贻)、仲兄(嗣襄)读书京师宣武城南,塾师为大兴韩荪农先生。见公全集《城南思旧铭》序文。

同治十二年癸酉(1873),九岁

徙居库堆胡同,即今日北半截胡同浏阳会馆。此屋原是刘崐(韫斋)故宅,刘为先曾祖座师将廉让之,敬甫公移作浏阳会馆。

按:谭训聪原注:刘公韫斋亲手书契,余在浏阳县府教育科见到。时刻为修为责任保管。刘字作馆阁体,可见古人作事之不苟。

是年新会梁启超生,小公八岁。

同治十三年甲戌(1874),十岁

敬甫公官户部员外郎,同邑举人欧阳中鹄(瓣姜)以计偕至京师,公及仲兄俱从受业。

光绪元年乙亥(1875),十一岁

敬甫公升任户部郎中,监督座粮厅驻通州,公随父之任,仍时来京师。

按:谭训聪原注:通州即现通县(今通州区),濒北运河。坐粮厅,掌管漕粮,催督运转,为仓场大臣辖官,户部主持。

是年,长侄传赞(潞生)生。

光绪二年丙子(1876),十二岁

是年春,京师大疫,公仲姊(嗣淑)唐景葑夫人得喉风,徐太夫人往视疾,染焉,遂卒于浏阳会馆内寝。仲姊先母四日死。伯兄(嗣贻)后母一日死。公是时染疫几殆,短死三日苏,敬甫公因字之为“复生”。

按:谭训聪原注:徐太夫人殁年四十八岁,嗣贻公殁年二十二岁。

是年秋九月,仲兄(嗣襄)奉父命,护母榇归浏阳。亲属殁于京师者六人。

光绪三年丁丑(1877),十三岁

是年秋八月,敬甫公补授甘肃巩秦阶道,加二品衔。冬,侍父回浏阳原籍。由京师而天津,泛海经烟台至上海,易舟溯江西行,至汉口易舟溯江泛洞庭湖,浮湘江至长沙,陆抵浏阳。此乃公首次返故乡行踪。

光绪四年戊寅(1878),十四岁

是年夏,公侍父赴甘肃任。时豫陕大旱后,赤地千里,疫疠踵兴,途中宾从死者二人,厮隶十余人。夏月由浏阳乘舟至长沙，易舟流湘水北上，经洞庭至湖北，又溯汉水至襄阳登陆，陆径函谷关、潼关，过陕西。秋，抵兰州，回抵秦州任所。此公上西北第一次行程。

光绪五年己卯(1879)，十五岁

夏归湖南，取道甘肃徽县，流嘉陵江上游，达陕西略阳，陆抵汉中，泛汉水至湖北，乃由襄阳乘舟南下，过洞庭流湘江，至长沙，陆抵浏阳。

是年秋，从同邑贡士涂启先(舜丞)先生学，开始学诗。

按：谭训聪原注：涂先生(舜臣)居浏阳大围山下，邑中宿学，人称"大围先生"。

先公启笔之作，有《送别仲兄泗生赴秦陇省父》五首。

补注：《秋雨年华之馆丛脞书卷二·送别仲兄泗生赴秦陇省父》：一曲阳关意外声，青枫浦口送君行。频将双泪溪边洒，流到长江载运征。

碧山深处小桥东，兄自西驰我未同。羡煞洞庭连汉水，布帆斜挂落花风。

潇潇连夜雨声多，一曲《骊驹》唤奈何。我愿将身化明月，照君车马度关河。

鹧鸪声里路迢迢，匹马春风过灞桥。灞上垂杨牵客思，也应回首故乡遥。

春烟澹澹黯离愁，雨后山光冷似秋。楚树边云四千里，梦魂飞不到秦州。

谭嗣同的父亲谭继洵画像

光绪六年庚辰(1880),十六岁

居浏阳原籍,从涂先生读书。

光绪七年辛巳(1887),十七岁

居浏阳读书。秋日游长沙,寻归。公居浏阳三载,读书学诗文,《三十自纪》云:“嗣同少颇为桐城所震,刻意规之数年,久自以为似矣”。

公识唐才常(佛尘)、刘善涵(淞芙)、贝允昕(元徵),应在是年。

光绪八年壬午(1882),十八岁

春赴甘肃,由浏河西行至长沙,流湘,溯汉。此次改由丹江至紫荆关登陆,陆径陕西,夏抵秦州。从行县伏羌(甘谷县),冬返秦州。

《全集》中《刘云田传》及致沈兆祉(少沂)书,多叙少年居甘肃时事。“嗣同兄弟少年盛气,凌厉无前……独喜强云田并辔走山谷中,时私出近塞,遇西北风大作,沙石击人,如中强弩。明驼咿嗄,与鸣雁嘷狼互答。臂鹰腰弓矢,从百十健儿,与凹目凸鼻黄须雕题诸胡,大呼疾驰,争光逐猛兽。夜则支幕沙上,椎髻箕踞,掬黄羊血杂雪而咽。拨琵琶,引吭作秦声。或据服匿,群相饮博，欢呼达旦。”致沈书云：“嗣同弱娴技击，身手尚便，长弄弧矢，尤乐驰骋。往客河西，尝于隆冬朔雪，挟一骑兵，间道疾驰，凡七昼夜，行千六百里。岩谷阻深，都无人迹，载饥载渴，斧冰作糜。比达，髀肉狼籍，濡染裈裆。”此乃公少年时居秦州事。是时敬甫公主持安定军事，安定，今甘肃省定西县，地近渭水源，陇中重地（按：谭训聪原注：曾祖敬甫公安定防军官，见《刘云田传》）。余曾见一模糊相片，旌旗行行，百余健儿罗立，公立其中。先祖母言，此乃公少年照片，无法复照。十九年兵燹后，不知浮沉何处。

先曾祖敬甫公日记，仅存一本，其中记载：“七儿好弄，观近作制艺文，不合式。”茶陵谭延闿先生题《近代湘贤手札》（攸县龙氏藏）有云：“复生为李公篁仙年丈婿，少从之鄂，又师瓣姜、蔚庐两先生。有复古之思，用世之志，薄视时文不屑为。敬甫年丈督教之，乃自题课本答曰：‘岂有此理！’吾闻此时年十二，同在兰州也。”（谭先生延闿乃钟麟制军之三子，时制军正任陕甘总督，驻节兰州）

是年填《望海潮》一阕，载《石菊影庐笔识》中。

补注：《石菊影庐笔识·思篇》第五十则：性不喜词，以其靡也。忆十八岁作《望海潮》词自题小照云：“曾经沧海，又来沙漠，四千里外关河。骨相空谈，肠轮自转，回头十八年过。春梦醒来波，对春帆细雨，独自吟哦。惟有瓶花数枝，相伴不须多。寒江才脱渔蓑，剩风尘面貌，自看如何。鉴不因人，形还问影，岂缘酒后颜酡。拔剑欲高歌。有几根侠骨，禁得揉搓？忽说此人是我，睁眼细瞧科。”尚觉微有气骨。

光绪九年癸未(1883)，十九岁

春赴兰州。是年三月，敬甫公升任甘肃按察使。公奉父命赴鄂，就婚李氏。四月初三日结婚，婚后寻赴甘肃。

是时李公寿蓉(篁仙)以道员需次鄂。李公名进士，工乐府诗词。其赠婿联云：“两眷道书三尺剑，半潭秋水一房山。”上联言养气，下联言定心，含意至深。

按：谭训聪原注：李公赠婿联，字作颜体，笔势纵横，非馆阁体书。李公成翰林后，与湘潭王闿运、湖口高心夔、善化李寿蓉、长沙黄锡焘，为肃顺重用，号肃门五子。其中一位姓名不复记忆。(见武昌刘禺生作《世载堂杂忆》66面)此联余保存三十六年。

光绪十年甲申(1884)，二十岁

公居兰州。

梁传云：“弱冠从军新疆，游巡抚刘公锦棠幕府。刘大奇其才，将荐之于朝；会刘以养亲去官，不果。”（按：《全集》中无至新疆之事。）刘殁后，公挽联有跋：“昔巡抚新疆时，余兄弟皆其疏荐。”梁传中语，殆指此而言。

公居甘肃时，与狄道（甘肃临潭县）李景豫（榕石）交厚。

李君工篆隶楷法，且通绘事，诗文均佳，惜早卒，诗文多佚。公集存李公诗十一首，载《石菊影庐笔识》中。

补注：《石菊影庐笔识·思篇》第四十八则：昔友李榕石名景豫，甘肃狄道州人。博学工诗，身后所著皆佚。就余所见者录之：《题谢宣城诗后》云：“词赋空西府，高翔不受羁。口防三日臭，首愿一生低。大节遥光抗，才名沈约齐。青山何处是，芳草自萋萋。”《武连驿阻雨寄怀成都李湘石张蓟云》云：“栈路萦青翠，猿啼不可闻。乡心悬梦雨，山气结寒云。行李惯劳客，折梅遥赠君。鲁公楼畔宿，灯火炧宵分。”《彰德怀古》云：“他家物去霸图空，满地黄花笑晚风。鹦鹉岂怜青雀子，雄鸡枉化白凫翁。百年幻梦团焦里，一代勋名襁褓中。应有长安上天月，夜深如镜照遗宫。”《夕阳亭》云：“残笛离亭未忍闻，东都祖帐任纷纷。一言竟召公闾祸，万骑难屯仲颖军。柳径风疏雅导客，芦漪霜冷雁呼群。行人艾叹黄昏近，且倒清尊酹夕曛。”《栈道杂诗》云：“一峰瘦削欲飞空，一峰攲侧如醉翁。两峰白云断还合，并作一峰峰正中。”“画眉关前石径微，笆篱一带通荆扉。夕阳鸟鹊坐牛背，牧童眠熟犹未归。"《花蕊夫人曲》云:"海棠国破蓉城圮,万骑分香阵云紫。东风吹瘦杜鹃声,望帝春心数千里。蜀苑移根到汴宫,芳尘如梦寻无踪。玉树影销重问后,桃花笑入不言中。写翠传红斗眉妩,故镜应教乾德睹。杨柳新词感洞箫,蘼芜旧恨歌砧杵。画图金弹祀张仙,心事分明彩笔传。宣华回首空榛莽,百首宫词剧可怜。君不见南唐小周后,一般辛苦念家山。"《村居赠王山人迟士》云:"村居绝尘境,习静长闭关。风细竹香澹,秋深花意闲。偶来方外友,相赏画中山。斗酒自可酌,举杯招白鹇。"《候马亭》云:"善马产贰师,信是神龙能生驹;天马歌汉武,那及跛猫能捕鼠。驱策封君走县官,如云如锦萃长安。碧玉环兜玛瑙勒,紫金华簇玫瑰鞍。乐府歌成气殊壮,开疆原为安边障。可惜千金汗血痕,只供一日皮毛相。苜蓿青青正发花,金城遥指玉鞭斜。寄语西征诸将士,匈奴未灭且忘家。"《嘉州晓发》云:"晓日笼烟荡水光,扁舟载梦入苍茫。啼猿不识林檎熟,乱摘秋红打驾娘。"《艮岳》云:"花石自南来,金缯向北去。十年媪相功,一纸老僧记。"见赠五言长篇,仅记其起二韵云:"大围有灵鸟,文采一身备。翩翩来陇头,凡翮皆敛避。"又代人撰秦州宋荔裳先生祠水亭联云:"北枕坚城,劳公百堵经营,不放山云低度;西襟萧寺,为我一池写照,顿教水月通明。"盖城为宋修,水月寺其西邻也。友人钱次郇、张松眉、曹悟生皆工诗。钱句云:"芳草绿连梁父里，夕阳黄入伏生祠。”张句云：“椒辛盐苦皆堪饱，人厄天穷两不妨。”曹句云：“雁飞寒雨江声外，人话秋镫菊影中。”《登天心阁》诗云：“一阁指天外，长沙血战城。旗翻孤日影，钟落万家声。岳色横窗翠，江光绕郡城。我来独凭吊，今古不险情。”《九日登长沙城》云：“莽荡西风画角哀，苍茫野色上城台。一江飞雨楼头过，万里寒云雁背开。戎马至今伤我辈，山河终古费人才。登临漫话沧桑感，烂醉黄花浊酒杯。”

先祖生平（乙）

光绪十一年乙酉（1885），二十一岁

春，公遵父命归湖南，径陕西至龙驹寨，经丹水至汉江，抵襄阳易大舟，由汉水南下，溯江经洞庭西，溯资水至益阳，转由湘水至长沙。夏归浏阳，行踪小异。秋赴长沙，此初赴秋闱试。清定制子、卯、午、酉年为各省秋试期。试后。冬赴甘肃，由湘乘舟，溯汉水，至襄阳仍溯丹抵紫荊关，陆径陕西。

是年冬十一月，敬甫公调甘肃布政使之任。

同年中法两国在天津订立所谓《天津条约》。上年法国侵犯越南，今岁议和，越南遂成为法国保护国。

光绪十二年丙戌（1886），二十二岁

公春抵兰州藩署。是年夏，公伯父海峤公卒于故里，享寿七十有一。公名继升，吾邑团防领袖。洪杨军犯浏城，公率义勇兵丁百余，于蕉溪岭虚设防务，以锣鼓火炬爆竹，拒敌千余，卒保浏城。事定兴义学，修邑志。公事事亲躬，劳而不怨。先公故为伯父撰家传，王先谦亦为公撰六十寿序，述其事。

补注：《寥天一阁文卷第二·海峤府君家传》：光绪十二年六月十四日寅时，海峤府君殁，距生嘉庆二十一年七月二十六日子时，年七十一。以助振议叙九品顶戴，以团练奏保，即选盐运使司经历，加同知衔，加保尽先选用知县。以弟封为朝议大夫，累赠光禄大夫，以子封为奉直大夫。殁既八年，其弟之子嗣同，谨为府君传曰：

府君讳继升，字子惺，别字曙冈，海峤其号也。当道光、咸丰间，天下骚然用兵。然兵日益少，盗贼日益多，府厅州县，乃始各为团练，或以在籍大臣领之。蹙则守，纾则援，使贼无往不遇敌。名材辈出，卒集于大功。浏阳团练，则府君为主，奸外犯，宄内讧，连创之，不得逞。洪秀全犯长沙，分党疾窜浏阳，夜抵城西北二十里之蕉溪岭下。官民汹惧，不知所为，府君遣卒遍张镫领上，熊熊林谷，光焰彗天，杂以金鼓阗聒，贼大震，即夜遁去。府君管带威镇营，既禀一不入己，息而取赢，得田二十余亩，出以佐防守费。县之公费且尽，综其出入，月丰而岁有余。治礼乐局，贸藏书，课经学，拓宾兴费，创会馆于京师，修县志。实义仓，数十年用无弗给，一县大和。岁大水，又出己赀以振，兼集群力，以饱直隶、河南、山西之饥，而家亦未尝或乏，固才智之过人与？抑仁者必有勇，其笃挚之性，有以发之也？光禄公兄弟四人，府君实伯，生有奇表，目深碧，久视日不眩。临时速决，应繁无路。然先祖考见背，年三十耳。家政丛蔟，一埤遣我，日用斗匮将不支。府君愤而弃学，悉货先业为居积，忘其身以图之。养亲当大事，佽诸弟诵读，完婚姻，遣嫁诸妹，食指累数百，坐而仰之。又以其余易先墓，增祭田，资宗族，赡内外戚属，济孤寒之无告者。晚更新家庙，订族谱，兴清明祀，广始迁之祖宅，其心以为一不具，即无以见祖宗于地下。故虽癃老笃病，数展坟陇，流涕唏歔，移时不忍去。苦念光禄公官甘肃，垂殁，犹诵《诗》曰："岂不尔思，室是远而。"声噤而气绝。乌乎！吾世父海峤府君，可以传矣。

是年英国强占缅甸，迫清政府承认。清廷设海军衙门，建立台湾省。

光绪十三年丁亥(1887)，二十三岁

公居兰州藩署。公在兰州，以甲申、丙戌、丁亥三年为久。藩署本明代肃王府，府后园名憩园，取分陕之意。园中牡丹特盛，高行达屋檐，盖屋多平房，故能如此。公大妇居凿申轩，时作吟韵，公憩园诗有"秋气悬孤树，河声下万滩"句。时河水经兰州城，水流渐渐转向西北，滩滩相续，西北之伟大景物也。又记布

政署中灵鸽事，飞禽有灵性，能保库藏银两。

补注：《苍莽莽斋诗补遗·憩园雨五律》：淅沥彻今夕，哀弦谁独弹。响泉当石咽，暗雨逼镫寒。秋气悬孤树，河声下万滩。拂窗惊客话，短竹两三竿。

又：《石菊影庐笔识·思篇》第四十二则：甘肃布政使署多鸽，《池上草堂笔记》纪其灵异，皆不诬。岁出帑百余金，酬其守库之劳。大堂左右为外库，二堂则内库也，故无二堂。大人重修内库，因辟其中为二堂，而气象一新。亦可见蓄藏不及曩年，而库可减也。甘肃故产牡丹，而以署中所植为冠，凡百数十本，本着花以百计，高或过屋。林亭之胜，敻绝一时。园名曰憩，盖取分陕之义。尝撰联语，遍帖园中。今所记者，四照厅曰："人影镜中，被一片花光围住；霜华秋后，看四山岚翠飞来。"天香亭曰："鸠妇雨添三月翠，鼠姑风裹一亭香。"夕佳楼曰："夕阳山色横危槛，夜雨河声上小楼。"

光绪十四年戊子（1888），二十四岁

夏，又奉命返湘参加秋试。

清廷移海军经费，筑颐和园告竣，奉养慈禧后。

夏，公返浏阳，是年为乡试，公取道仍陆径陕西，泛丹水转汉江，至湖北沙洋镇（今称西荊水）易舟，至荆州（江陵县），再易舟

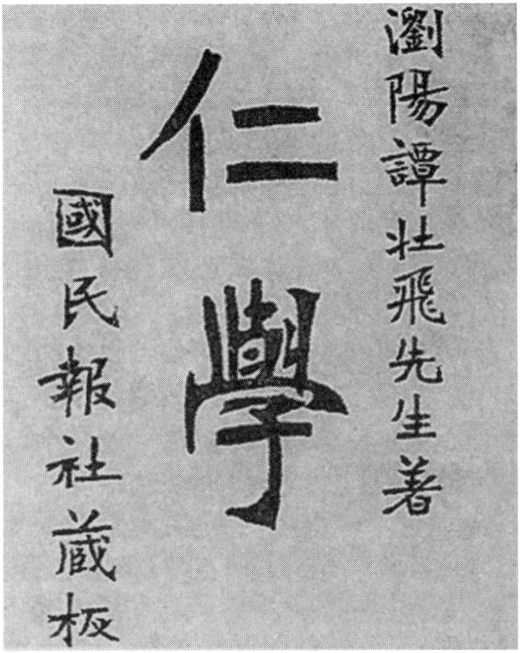

谭嗣同著《仁学》书影

溯江，出大平口，入洞庭，由资水溯湘水，至长沙，抵浏阳。行程大同小异。秋同仲兄赴长沙与试，寻归浏阳。

秋试报罢后，同仲兄赴长，谒涂舜丞师于长沙汤氏馆舍。冬，公西行度陇，仲兄亦北行，作别于汉口。同舟溯江，风浪大作，舟子失色。公兄弟相视而笑，口占诗二绝。抵岸后又作别仲兄诗两律。

补注:《石菊影庐笔识·思篇》第五十一则:先仲兄之去海上,嗣同亦西出塞,为别于汉口。同舟涉江,风大作,冻雨横飞。浪高于舟数尺,时时跃入舟,衣履皆濡。舟人失色,兄弟相视而笑。嗣同遂口占二诗,其一曰:"波揉浪簸一舟轻,呼吸之间辨死生。十二年来无此险,布帆重挂武昌城。"谓十二年前,从瓣姜师渡此遇厉风也。其二曰:"白浪船头聒旱雷,逆风犹自片帆开。他年击楫浑闲事,曾向中流炼胆来。"仲兄为击节赏叹。语音未绝,遂已泊岸。相与从容拂衣而去,见者诧为异人。及别,又为诗曰:"燕燕归飞影不双,秋心零落倚船窗。波声和梦初离枕,山色迎人欲渡江。泪到思亲难辨点,诗因久客渐无腔。填胸孤愤谁堪语,呜咽寒流石自淙。"又曰:"茫茫天地复何之?怅望西风泪欲丝。悲愤情深貂拌肉,功名心折豹留皮。一朝马革孤还日,绝胜牛衣对泣时。各有桑蓬千里志,不劳辛苦寄相思。"时方同卜,有牛衣对泣之语,故云。呜呼!马革裹尸,嗣同以之自兆,而应乃在兄,所谓诗谶耶?可云悲矣!《别后怀仲兄》有云:"沧江莽莽孤舟泊,一夜怀人听雨眠。"《上巳怀仲兄》有云:"江湖归梦消长夜,风雨离愁了一春。"及今居湖北巡抚署,日夕登六虚亭,望江水卷风,峭帆出没,辄隐然于中,凝立不能下。寥寥天壤,一死一生,魂魄有知,犹当聚此尔。

是年八月初一日,先父传炜生于浏阳八仙桥天井坡老屋。

老屋为先高祖学琴公晚年所置产业，在深山之中，形略如天井。高祖三子继升、继墉、继洵同居其中。三子析产分居前，人丁繁衍，且深山地多虎豹，傍晚闭门，余曾两度入山，最后一次，侧屋多坍塌，不似第一次所见情形。

先父传炜，小字淮生，后自易字曰怀仙，清光绪甲申三十年秀才。入民国毕业上海法政大学别科（校长伍廷芳）。曾一度任湖南省长公署咨议官（刘人熙署名委任），年仅三十岁，早卒。

是年康有为初次上书，请求变法，格不能达。

光绪十五年己丑（1889），二十五岁

春抵兰州，寻离陇上京师，从子传简随行。径陕西，出潼关，渡河；经山西，夏抵京师。原约仲兄赴北闱考，不意夏五月五日仲兄（嗣襄）卒于台南府蓬壶书院（蓬壶书院今仅存大门，在今文昌街）。噩耗突至，遂星夜南奔，不克与试。抵上海，值唐景崧电告，殓事已毕，公乃留沪迎榇。

附录公作挽联，此联集中未载，仅见手抄本。

补注：联曰：空回首三十三年，盖世才华，都被艰难磨折尽。为君略计大端：以妙理启深思，君善于学；以滑稽演文理，君善于词；属怵目惊心，处家庭非常之变，君又善于行权。卒至窜身孤岛，委命穷乡。倘泉壤有灵，应悔壮游万里。吞声怕念家山，寂寞琴书，藐藐遗孤尚文褓。

莽伤心五月五日，蓬瀛风色，竟教噩耗远飞来。顾我犹深隐痛：当平居失弟道，我负其生；当含殓未躬亲，我负其死；当盘根错节，非缓急可恃之才，我尤负其期望。徒然翘首天涯，羁留沪上。忆汉阳语谶，真成一别千秋。衔石谁填恨海，苍茫烟水，飘飘何处著冤魂？

是年公在京师，识同邑进士刘公人熙（蔚庐），从游问学，得闻永嘉学派之渊渊，研究张横渠、王船山先儒学理。时刘公任工部主事。

冬间整理自十五岁至廿五岁诗为一卷。

是年作《得仲兄台湾寄书感赋》《先仲兄行述及墓柱联》《先从兄馥峰遗像赞并叙》诸作，传《治言》亦作是年（越南、缅甸丧失之后）。

补注：《莽苍苍斋诗补遗·得仲兄台湾寄书感赋》：少小思年长，年增但益悲。我年今二五，四顾竟安之？无命愁相慰，非才愧所知。犹疑沧海客，栖息已高枝。

又：《远遗堂集外文初编·报邹岳生书》附录《先仲兄行述》：兄讳嗣襄，初名嗣彭，字泗生。系出春秋时谭子，以国为氏。自宋为闽人，明季迁今湖南浏阳县。曾祖讳经义，赠光禄大夫；妣氏黎、氏李，赠一品夫人。祖讳学琴，赠光禄大夫；妣氏毛，赠一品夫人。父继洵，光禄大夫，赐进士出身，今甘肃布政使，升任湖北巡抚；妣氏徐，赠一品夫人。咸丰七年九月辛卯，徐夫人梦蛇而生兄。主后从祖，祖父讳学新，县学附生，赠光禄大夫；妣氏彭，赠一品夫人。兄生四岁，始能言。同治二年侍徐夫人至京师，教以《诗》《书》，初不在意，及责其默诵，朗朗不失。为陈大旨，略指示，即领悟。然颇选事，好攀登屋脊上，又善骑，挥鞭绝尘，穷马力然后止。父师约束严，终不自戢，鞭挞之余，随以嬉笑。或嗤其材劣，或称其天全，而识者则以为志高才挺，阔达不矜细节也。

光绪二年，五日之间，徐夫人及伯兄仲姊先后亡。兄哀毁逾恒，而部署丧事，有条不紊。是年，护徐夫人丧归，亲属殁京师者六人，皆以归。京师去家几四千里，林麓之阻，江河之险，南北行者咸惴惴。兄以好弄为人轻，皆惧其不胜任。而兄戒惧輀翣有虔，祖荐至家，营葬丰俭，不失其宜。卜兆高爽，时促而事举。前后共葬九棺，久暂有序，厚薄有差，而皆坚实可经久，乡先生翕然称之曰才。而向之轻之者，亦稍稍惊异焉。四年，光禄公之官甘肃，送于襄阳。时襄阳乏车，载行装皆挽辂，御夫亡去。乃并所载于他车，车迟重，御夫嗟怨不前，俄又亡数人。税车旷野，彷徨无策。远见虚车辚辚然来，方谋僦以任重，至则兄遣也。其谋画周详，而切中机宜，大率类此。归理家政，勤敏异常。米盐钱刀琐屑之事，儒生或鄙而不为，兄乃并核兼综，算无遗策，出纳弃取，权时之赢绌而消息之，条理粲然，人莫能欺。未及十年，增置田百余亩，益务为慷慨好施，以义自任。尝言曰："用财之道，必留有余，以纡一己之力，乃能补不足，以济万物之穷。"从子某学贾折阅，贷数百金偿所负。族子某死无以殓，为贷钱治丧。外家贫窘，岁时助之。凡义举必争先为人倡，而爱才尤切。秀才陶甄，仰以举火，频数不厌。族戚告匮乏者，无弗应。由是获奇士称，而忌其才者，窃窃讥议，以为耗祖父业。然所费实自己出，已无所出，不得不称贷于人。人既以信义重兄，咄嗟之顷，千金立办，然亦颇负累矣。两次省亲甘肃，均能有所服助。四方函牍，及书记得失，僮仆勤惰，下逮烹饪洒扫之役，莫不亲察而详课之。

读书精研义理，不屑为章句之学，工制艺，精密沈郁，近明大家。偶为诗，辄鲜明可喜，顾不自惜，有作旋弃去。尤究心经世学，与客谈天下事，终日不倦。其论海防，主联络海军，首尾一贯。其论通商，以为红茶出口，洋烟入口，宜皆由官经理。盖彼所需者茶，价值低昂，权操于彼，而我以困。洋烟之来，既不能止，则当核其出入，使其权亦操于我。可视烟茶之低昂多寡，使两相当，以定其值。其论兵法尤详，书策所纪战事，殚思详讨，究其兴废之故，发而为论，皆具卓识。所经山川险阻，指画形胜，以决主客胜败之势。证之古书，询之父老，以及宿将老兵，若合符节。其于兵制，则主用乡兵，而以武科所得士为将，以武生为兵，斯兵不劳择，而武科亦不虚设。十年，法犯闽、粤，当道有民自为战之议，兄倡义助饷，旋闻议和，遂中止。为之扼腕太息，以为失此机，则长为人役矣。

三就乡试不第，十有四年，试罢，发愤出游。初欲上京师谒选，因乏资，折而至台湾。台湾道唐景崧，戚属也。以兄进于布政使沈应奎，沈进于巡抚刘铭传，刘一见奇之，与纵论时事，移晷乃退。明日，即委榷凤山县盐税。凤山地居台南，民贫赋重，莅斯土者，皆视盐税为利薮。分局二十有余，辗转胶葛，不可究诘。兄语人曰："数月之间，司榷者三易其人，择而使我，我必有以报命。"乃严约章，杜侵蚀，亲会计，勤考核，不数月而弊绝。当道深赏其才，遂留台湾候补，且欲荐于朝，而以改委台南府盐务为信，比公牍至，而兄殁矣。初，兄至台湾道署，患寒疾，医云无伤。兄笑曰："吾肾经绝矣，其能久乎？"作书与其弟嗣同曰："吾一病不起，岂非天乎？愿汝善事父，以慰我九原之心。吾别无长物，惟文徵明画，为友人物，当畀还。吾负累已偿，有质剂可证。"既而欲移居，挽之不可，盖不欲殁于官廨，以身累人也。殁之日，犹与宾从笑谈，怡然自得。卓午，移居蓬壶书院，逾时而殁。时十有五年五月庚戌也，年三十有三。

夫圣人不轻言命，惟于颜渊则曰天，于伯牛则曰命。岂不以反诸心无可死之道,而死及之,则诚哉乎其为天命也。昔伯兄之殁也,曰:“吾一病不起,岂非天乎?”今兄亦云。兄孝友英笃,至性过人,弥留之际,首以老亲为念。平生好交游,重然诺,虽一图画之微,濒死犹恐遗失,以负其初心。聪明才力,颠沛不衰,顺受正命,而无偷安畏恋之情,是可以觇其所养矣。羸弱多疾,不御药物。自幼至长,每食辄逆。遭遇不偶,居恒忽忽,悲歌感慨,以发其堙郁之气。不祥之机,兆于曩昔。称之曰天,与伯兄皆无愧辞尔。以国子监生充实录馆誊录,议叙通判。于河南赈捐报捐盐运使司提举衔,嗣由新疆巡抚刘锦棠奏保以直隶州知州用。妻黎氏,子传炜,女二人。兄长身玉立,容光照人,目炯炯如岩下电,颖悟绝伦。幼见人围棋,试下数子,辄胜其偶。台湾语……久客者莫辨,兄数日即能效其言。善诙谐,能言难言之理,往往出人意表。每当朋好聚谈,议论风生,四座披靡。好苦思,探索精奥,无微不入。读书为文,呻吟如病,好学短命,有余惋焉。其殁也,台湾大吏叹息不置,沈布政尤惜其才。乡之长老曰:“未必非一乡之运也。”呜呼悲哉!他人且尔,况其亲焉者乎。叔弟嗣同以丧归葬于冷水井之原,谨述行谊,俟秉笔者采焉。

又:《远遗堂集外文续编·题先仲兄墓前石柱》:恨血千年,秋后愁闻唱诗鬼;空山片石,苍然如待表阡人。

又:《远遗堂集外文续编·先从兄馥峰遗像赞并叙》:光绪十

有五年冬，从子传简病且死，出其父遗像丐一言，人事卒卒，未即以为，而传简殁。乃撺掇百十字，为延陵之剑。从兄名嗣棻，县学增生，沉默强识，能属文，父子皆以忧患促年，尤可悲云。

吾门不幸耶，何以有君？吾门幸耶，君何以不存？超忽厌世，若无足群。谓天盖高，呼之则闻；谓君盖幽，有煜其文。令誉不忘，则庶几乎睇此，不犹愈于抚遗编而穆然以长勤。

又：《思纬壹壶台短书·治言》（节选）：此嗣同最少作，于中外是非得失，全未缕悉，妄率胸臆，务为尊己卑人一切迂疏虚骄之论，今知悔矣，附此所以旌吾过，亦冀谈者比而观之，引为戒焉。

以十二万年为一元，天始局于句稽比偶，而人力无所用其挽救；以八十一州共一海，地始划于方罫广轮，而人事无以善其变通。于是天地之神化，束手帖耳，一听于万物之相积，而渐以推移。夫且颓然日即于窳，此亦以私意觇觑于一隅者，不恤情理之安之过也。乃若自其已然之迹，纪其固然之可纪而数计之，而条分之，则天凡四千年而三其变，地凡九万里而三其区。

唐、虞以前，吾不得而知也。夏后氏兴，出天下于洪水猛兽，俾东西南朔，海隅苍生，田田宅宅，而一登于大顺，固已洒然其非旧矣。虽其创制显庸，要皆黄帝、尧、舜井田封建之制，而州肇以九，山列以四，食鲜而艰，传贤而子。其它车服、礼器、百官、宗庙、乐律、政刑、正朔、徽号，罔不括五帝之终，而启三王之肇。故天于是成，地于是平，遂足以当一变。夏以后治乱损益不一，其大经大法，阅商、周未之有改，是曰道道之世。由是二千年，至于秦而一变。尽取先王之法度弁髦而敝屣之，以趋后世一切苟简之治。郡县封建，阡陌井田，礼乐而会计，诗书而狱吏，其疾求而捷给，亦足以取快于一时，而箝举世别味辨声被色之伦，以无能自遁于其外。迨乎万物疲极而思戢，则且息肩于杂霸黄老，世主时相之稍有条理者，而见为一治。故秦以后，治乱损益不一，其大经大法，阅汉、晋、隋、唐、宋、元、明未之有改，是曰法道之世。由是二千年，至于今而一变。开辟之所未通，琛赆之所未供，鞮译之所未重，尉候之所未逢，星辰寒暑之异其墟，而舟车人力之穷其途，东掘若木之所根，西竭虞渊之所沦，南北絙二极，若管以笏而络以绳。其间排虚跖实，根着浮流之贯午而纷赜，莫不蜎飞蠕动，跂行脊运，错踣交内于上国，而薨薨乎，而蒸蒸乎，而讹讹乎，群起以与之抗。上国一再不胜，且俯首折气，日出其下而未有已。降一统而列邦，降朝请而盟会，降信义而货币，降仕宦而驵侩，而上国固已朒矣，而生民固已苶矣。此三王之所逆亿而不能，而汉、晋以下所色然惊其未闻者也。是曰市道之世。此天之三变也。

赤道以北，适居三百六十经度之中，西至于流沙，东南至于海，北不尽兴安岭，八荒风雨之所和会，圣贤帝王之所爰宅，而经纬、风教、礼俗于以敦，而三纲五常于以备也。是足以特为一区，曰华夏之国。而东朝鲜，西回、藏，洎越南、缅甸之遗民，犹嵍面内向，潜震先王之声灵，以服教而畏神者，咸隶焉。由是而东起日本以北，迤俄罗斯而西，折而南，而土耳其，而西印度，西北逾地中海，而布路亚，而西班牙，而德、法、英诸国。又西逾海而北亚美利加，其壤地不同，同于法治，其风俗不同，同于艺术。其禀于天而章于用，为人所以生，而国所以立，而上下之所以相援系，视华夏则偏而不全，略而不详……为全之偏，略而固，为详之略。是足以为一区，曰夷狄之国……

夫以天之所变，而市不蕲乎法，法不蕲乎道而天穷。地之所区，不先不后，荟萃盘结于一朝。斯固天地自旦之宵，生民自长徂消，方将休息乎归墟，以待别起而为更始矣。虽然，又岂惟天地之主宰是、纲维是哉？治不自治也，则亦乱不自乱也。人为之，质文递禅，势所必变也。夏、商之忠质，固已伏周之文；周之文，固已伏后世之文胜而质不存。周以降，皆敝于文胜质不存，今其加厉者也。审乎此而挽救而变通者可知，抑审乎此而夷狄之加乎华夏者皆可知。何以明其然耶？夷狄之加乎华夏，夷狄之由忠而质，且向乎文，而适当乎华夏之文胜质不存也。夷狄之生人生物，晚于华夏不知几千万年之期。其草创简略，亦尚与古之畺闭相近，而人心之朴，于以不漓。故夷狄之富，不足以我虚；夷狄之强，不足以我孤；夷狄之愤盈而暴兴，不足以我徂；夷狄之阴狡而亟肆，不足以我图。惟其出一令而皋国奉之若神明，立一法而举国循之若准绳，君与民而相联若项领，名与实而相副若形影，先王之言治，曰“道一而风同”。道非道而固一，风非风而固同，斯其忠质之效，而崛起强立，足以一振者矣。

世之言夷狄者，谓其教出于墨，故兼利而非斗，好学而博不异。其生也勤，其死也薄，节用故析秋毫之利，尚鬼故崇地狱之说。忧忧日造于新，而毁古之礼乐。其俗工巧善制器，制器不离乎规矩。景教之十字架，矩也，墨道也，运之则规也。故其数皆出于圆，而圆卒无不归于方。割圆者，割方以使圆也。三角者，方之角也。故其教出于墨，乃今则不惟是也。出于墨，自其朔而言之也。其出而为治，不惟是也。其出而为治，罚必而赏信，刻核而寡恩，暴敛而横征，苛法而断刑，君臣以形名相责，而父子不相亲，奋厉桓拨以空其国于佳兵。是昔之夷狄，墨家之夷狄也；今之夷狄，法家之夷狄也。墨家之学出于夏，忠也；法家之学出于商，质也，而又继之以靡丽。故曰：由忠而质，且向乎文也。且向乎文，则亦且向乎文胜而质不存。文胜而质不存，则其衰也。孽不必自天陨，祸不必自地出，物产不必其不供，盐铁之大利不必其或绌，而世降则俗浇，俗浇，则人自为心而民解裂，则令不行而上下相厄。上下相厄,则所举皆废而国以不国,虽欲如华夏之质不存而犹可以存者,又乌可得耶?何者?其文固非文也。故其敝亦且一敝而终敝。文非文,则质亦非质,忠亦非忠,皆其似焉者也。何以似?反之极也。天下惟相反至于极,其归也必相似;相似至于极,亦适得其相反。循环而运,一左一右,相反也,而卒于相遇;绕地球而行,一东一西,相反也,而卒于相遇。此犹即一物而论也。朱似紫而一正一间,珷玞似玉而一贵一贱。驺牙似虎豹而一以暴一以仁,卤沙似食盐而一以养人一以杀人。相反莫如水火,而相济以为利;相反莫如刑赏,而皆为忠厚之至。故文、周之以圣者,操、莽之以奸;伊、霍之以权者,齐、梁之主以相残。《诗》《礼》非以发冢,而发冢者习之;仁义非以窃国,而窃国者并窃之。异端之惑人心,何尝不自记于圣贤;利口之覆邦家,何尝不自诡于忠言。观乎龙门之凿,然后知大巧若拙也;观乎昆阳之战,然后知大勇若怯也。是故其所以为似也,即其所以为反也。知其反则华夏之以自治者,固自有道矣。

今夫士之自号于人曰:“治天下,治天下。”非不庞然以大而嚣然以繁,而括其言之指归,亦不出于三端。曰:“吾中国帝王之土,岂容混以腥膻?士师猾夏之刑具在,而司马九伐之未可终淹。为生民以与封狼貙罴争此土也,固将一鼓而歼旃。”是作而进也,是战之说也。曰:“一战不胜,吾将不支,毋亦务乎息民而讲信以柔之？是有天也，非人之所能为也。”是敛而退也。是和之说也。曰：“我加乎彼而我则尫，我无以加乎彼而彼日益张，见可战而姑战焉，见可和而姑和焉，不为牛后，亦终不为戎首。且吾身所不及见者，吾又遑致吾之辨？”是不进不退而亦进亦退也。是守之说也。夫战，吾不知何恃以战。夫和，则今之患方浸淫而无已。是后之说宜若近矣，乃误人家国而阶至今为梗之厉者，亦恒此之由。幸灾之不及己，而雍容以养奸；贪天之或我佑，而首鼠于两端。庸医不杀人，能致人不生不死之间；庸臣不亡国，能致国于不存不亡以不安。坐失岁月于宽闲，而饷后之人以艰。虽有善者，不已难乎？

故夫战，不可不夙讲也。以战之具，若测算，若制造，亦志士所有事，而诋之者拘也。不获已而和，以纾吾力焉。以和之具，若立约，若交聘，亦当官所宜慎，而待之者愚也。要之华夏之以自治者，则皆不在乎此。华夏之于夷狄，夫既有相反之形矣。夷狄且以文敝者，华夏固可反之于忠。忠者，中心而尽乎己也。以言乎彼己之己，则华夏之自治为尽己。先王之典孔彰也，祖宗之泽方长也，举而措之，人存政不亡也。说者固曰：“儒者博而寡要，迂而寡效。”乃其所谓儒，非儒也，故庸，庸得以冒焉。反天下扰攘者一于礼，而后风俗敦，风俗敦而法乃可均。日驰骛于外侮，而荒其本图，是谓舍己之田而人于耘。以言乎人己之己，则出治者先自治为尽已。我见以为独，放之则方州部家；我见以为微，延之则甲胄干戈。威福所以饰喜怒，喜怒不中而威福替；黜陟所以行好恶，好恶不审而黜陟鳌。故王道始于耕桑，君子慎于袺襘，苟徒恃乎科条，又何懵于内外也！或曰："忠则忠矣，然以厉薄俗，何异进途人而讲姻亚？以驭强胡，何异救焚溺而用陔夏？非不言之寒谷可黍，吾恐行之石田无稼也。"曰：是岂易于俗人言哉！其理则可谓云尔。性有秉彝，故三代之治不易民；道有污隆，故未定之天能胜人。事不求可，功不求成。君子之立本以趋时，居易以俟命，固已异于策士之纵横。创业垂统，求为可继，强为善者人，而成功者天。诚可期乎必济，孟子不以告滕文矣。且期乎必济，彼之为战为和为守之说者，能必济耶？抑不能漫以云云也。无可必而姑期之，将非自欺而欺人者乎？夫君子则何能治天下哉？能不自欺而已矣。又何敢言治天下哉？言不自欺而已矣。闻之吾师蔚庐先生曰：子哙以子之亡，不得谓尧、舜不当行揖让；李密以无恒戮，不得谓汤武不当用征诛；新莽败于井田，不得删《尚书》之《禹贡》；王安石祸于青苗，不得毁文公之官礼。天下事，知其一，不知其二，固未有不罔于从逢者也。

且世之自命通人而大惑不解者，见外洋舟车之利，火器之精，刿心訹目，震悼失图，谓今之天下，虽孔子不治。噫！是何言欤？自开辟以来，事会之变，日新月异，不可纪极。子张问十世，而孔子答以百世可知，岂为是凿空之论，以疑罔后学哉？今之中国，犹昔之中国也；今之夷狄之情，犹昔之夷狄之情也。立中国之道，得夷狄之情，而驾驭柔服之，方因事会以为变通，而道之不可变者，虽百世而如操左券。若使夏禹受禅，而帝启即有崖山之沈；周武兴师，而尚父即膺黄巢之戮。则可云邹鲁之不灵，《六经》之有毒矣。而要之决无虑此，则诚能不自欺者也。夫不自欺，忠也；救文胜之敝，而质赖以存也。夫不自欺，自知知人，明而致知之征也。夫不自欺，又意之所由诚也。夫言治至于意诚，治乃可以不言矣。夫圣人固曰："意诚而心正，心正而身修，身修而家齐，家齐而国治，国治而天下平。"

是年冬，从子传简病殁浏阳。公子传铎（兰生）生于兰州，越年殇。是年十二月，敬甫公升任湖北巡抚。

康广仁

光绪十六年庚寅(1890),二十六岁

春,敬甫公由甘肃之鄂抚任。公先期由浏阳县启程,舟行至长沙,易舟泛湘浮江抵汉。时公外舅李公篁仙适署汉黄德道,公寓署中,预为布置一切,恭迎老父。夏,又归湖南,秋返鄂。寻又赴安徽,经九江抵安庆,小住即返鄂。

是年李公遵清廷至亲回避制,调官安徽省。

作《湘痕词》八章,为送先仲父下窆时作。

补注:《莽苍苍斋诗卷第二·湘痕词八篇并叙》:悲夫!人困吁天,岂不信哉?余以降大功之丧,辍业有闲。既终丧,乃定十有五岁至二十有五岁十年之诗为一卷。此十年中,时往事易,枨感遂深。少更多难,五日三丧。惟亲与故,岁以凋谢。营营四方,幽忧自轸。加以薄俗沴气,隐患潜滋。迂学孤往,良独怅然!夫内顾诸家既如此,外顾诸世又如彼,故发音鲜宣平之奏,摛辞有拂郁之嗟。客岁之夏,仲兄泗生,告终海外,同母五人,偶影坐吊。尝自念阅世既深,机趣渺邈。独兹艺事,降鉴白天。圜则九重,亦劳人瘁士所不默也。生于骚国,流连往躅,水绝山崩,靡可拟似。成挽歌八章,命曰《湘痕词》。时光绪十有六年春三月。

亦知百年内,此生无久理。犹冀及百年,虽死如不死。丰林秋故凋,嘉卉霜乃委。孰谓少壮人,一去不可止?哀哀父母心,有子乃如此。

中夜候村鸡，晨兴戒涂潦。灵𫐓轧轧鸣，送子入山道。道亦不辽远，山亦非峻嶛。如何一挥手，终古音容杳。依依河畔柳，郁郁田中草。夙昔同游处，践之劳心悄。悄悄复如何？幽宫閟人表。

今有涂之人，其死吾犹叹。朔风悴朱秀，乃在骨肉间。昔为连理枝，郁郁桂与兰。今为泉下土，蔓草霜露寒。深谷或可陵，容光觌无端。亦有阡与陇，徒作异物观。忼慨重意气，至此何漫漫。英才发奇妙，黯然闭一棺。棺中者谁子？嗟我平生欢。

小时不识死，谓是远行游。况为果行游，讵解轸离忧。崇云西北没，河水东南流。既逝不复合，乃知生若浮。平居日相习，澹焉忘匹俦。及其判襟袂，中情挚以周。绣襦岂不暖，益以云锦裘。珍肴与琼浆，惟恐莫予求。依恋亦须臾，握手方夷犹。奈何物化后，沦弃同松楸。

纤条茁初颖，但知有同根。缠附茑与萝，继起乃相缘。同根不相保，妻子安足论。俯仰周旷宇，孰塞此烦冤。少小相呴煦，爱至责亦繁。谓是陈腐言，掩耳战其喧。良觌会有穷，德音不再宣。嗟彼日因依，胡为若弃捐。倏忽繁霜陨，异路各朝昏。一处夏屋中，一寐榛莽原。难及不可代，徒令为弟昆。

丽景明朱晖，仓庚响深树，万类欣向荣，而独恻情素。谁言阳春时，乃是肃杀处。弱女戏复啼，亲串唏以慕。纵复日相临，终亦委之去。所爱非形骸，形骸况难驻。聊用酹一觞，冥冥或予顾。

人生贵适意，不以物重轻。胸中有哀乐，外物讵能分。矧彼遗与赠，何足竭其情。岂惟情不竭，适使忧心萦。含凄坐永日，所恶赘此生。

夙昔有噩梦，泛澜席上涕。晨风振林鸣，欣幸不胜计。奄忽能几何，斯境遂真莅。安知今日悲，非我梦中事。达观亦殊暂，觉梦终成异。欲知泉下恨，蜀魄血犹唳。试聆独征鸿，则知生者意。

义宁陈公宝箴（右铭），亦于是年授湖北按察使，其子三立侍，公识陈公父子当在斯时。

光绪十七年辛卯（1891），二十七岁

是年值秋试年，秋由鄂归湘应试，报罢。公试后游南岳，登祝融峰。冬返鄂。检点先仲兄遗文诗稿，及墓志铭并哀诔辞等，辑成《远遗堂集外文初编》。

是年十一月作《远遗堂集外文初编序》，又春作《武昌踏青词》，及《晨登衡岳祝融峰》《儿缆船》诸诗。

补注：《远遗堂集外文初编·自叙》：叙曰：夫忧伤之中人，有飘忽冲荡，缠沈盘蛰，挟山岳之势，挈烈风雷雨之暴，举血气心知

义宁陈宝箴

所能胜以干事者，猝不能当其一击。气息弗然，若存若亡，抗之则无上，按之则无下。其来也不得其绪，而引之则不可究极，合而为苍然之感，吾平生遘其二焉。五六岁时，居京师宣武城南，与先仲兄俱事毕莼斋师。夏雨初霁，嬉戏阶下，兄适他去，四顾子然，情不可已，遂嗷嗷以哭，此其一也。后遭死生离异之感，辄一形焉。仲兄撤瑟之岁，以应试挈从子传简至京师，览童年之遗迹，怅岁月其不淹，以今准昔，喟焉远想。忆夫烟雨在帘，蛙声夜噪，或败叶窸窣，霜钟动宇，然镫共读，意接神亲，追溯所及，方怦怦于中，而兄之讣至矣！创巨痛深，瞢不省事，哭踊略定，则志堕形索，清刻至骨，自顾宛五六岁孺子也。于时苍然之感，不可以解。当其幽思潜抽，莫可告语，道逢林叟耕夫，辄欲流涕，引与话旧。睹禾黍布陇，废冢断碑，以及坏牖蛛丝，皆若与我有一日之好。使得见囊之童仆，且将视为肺附，而不能一日离。然自恃尚有传简在，未几而传简亦殁。呜呼！机发必先，情极则返，折心之痛，行三年矣。乃克检仲兄遗文手书一通，单辞夺简，莫成卷帙，言行之大，见于行述志名及哀诔之文，无所离丽，命曰《集外文》尔。光绪十有七年冬十有一月叙。

又:《莽苍苍斋诗卷第二 · 武昌踏青词》:陌上春风骢马嘶，鄂君画舸共逶迤。江山和淑归裙屐，荆楚嬉游属岁时。觅径雨迷乌舅寺，耕烟梦绕白蛮祠(余里中祠名)。偏于嫩绿残红外，宿草茫茫一怆思。(从广傅简亡一年矣)

又:《莽苍苍斋诗卷第二 · 晨登衡岳祝融峰》:身高殊不绝，四顾乃无峰。但有浮云度，时时一荡胸。地沉星尽没，天跃日初熔。半勺洞庭水，秋寒欲起龙。

又:《莽苍苍斋诗卷第一·儿缆船并序》:友人泛舟衡阳,遇风,舟濒覆。船上儿甫十龄,曳舟入港,风引舟退,连曳儿仆,儿啼号不释缆,卒曳入港,儿两掌骨见焉。

北风蓬蓬,大浪雷吼,小儿曳缆逆风走。惶惶船中人,生死在儿手。缆倒曳儿儿屡仆,持缆愈力缆縻肉,儿肉附缆去,儿掌惟见骨。掌见骨,儿莫哭,儿掌有白骨,江心无白骨。

光绪十八年壬辰(1892),二十八岁

是年敬甫公七十整寿。九月初旬,亲朋毕集,敬甫公率亲明子侄辈于抚署留影,此像片于民国十九年遗失。公集中有集《禊帖》赠吴君小珊联,跋云:"家大人开府湖北,宾从文谯,盛极一时。瓣姜师外,若王君信余,吴君小珊,张君憩云,涂君质初,贝君元徵,方诸芝兰,吾臭味也。诗文旨趣,尤与吴君合,因集王氏字二十有二名,属憩云书以赠,志嘉会,兼示劼巩云。"读此可卜当时盛事。(文载《石菊影庐笔识·思篇》中)

是年公居鄂,诗文多游宴吊古之作,如《登洪山宝通寺塔》《鹦鹉洲吊祢正平》《公谯》诸诗,《代大人撰赠奉政大夫任君墓志铭并叙》,亦在是年。

补注:《莽苍苍斋诗词卷进第二·登洪山宝通寺塔》:颓乌西堕风忽忽,吹瘦千峰撑病骨。半规江影卧雕弓,郊原冷云结空绿。楚尾吴头入尘壒，一铃天上悬孤籁。凭栏俯见寒鸦背，余晖驮出秋城外。

又：《莽苍苍斋诗卷第二·鹦鹉洲吊祢正平》：云冥冥兮天压水，黄祖小儿挺剑起。大笑语黄祖，如汝差可喜。丈夫龂龊偷生，固当伏剑断头死。生亦我所欲，死亦贵其所。侧闻汉水之南，湘水之游。桂旗靡烟赴箫鼓。若有人兮灵均甫，波底喁喁双鬼语，岁岁江蓠哭江渚。江渚去邺城，迢迢复几许？有血不上邺城刀，有骨不污邺城土。邺城有人怒目视，如此头颅不敢取。乃汝黄祖真英雄，尊酒相仇意气何栩栩。蜮者谁？彼魏武。虎者谁？汝黄祖。与其死于蜮，孰若死于虎！鱼腹孤臣泪秋雨，蛾眉谣诼不如汝。谣诼深时骨已销，欲果鱼腹畏鱼吐。

又：《莽苍苍斋诗卷第二·公謙》：华月流绮疏，置酒临高台。剑佩拂零露，冠盖纷以来。园木郁芜葱，清晖濯氛埃。文鳞没澄波，驯麋嬉两阶。惊飙下纤云，瑶瑟声为哀。宾从请皆赋，繁音任琼瑰。匪此径寸翰，奚由罄所怀。

又：《寥天一阁文卷第一·代大人撰赠奉政大夫任君墓志铭并叙》：光绪十有八年，巴陵任本垚自甘肃奉其妣彭宜人丧归，祔其考律消赠君之兆。初，赠君以贫故，渴葬未有铭；今将累其家世子姓卒葬，封赠行谊刻于幽堂，而征辞于某某。某某友本垚且十年，闻赠君事故习。往者布政甘肃，事无险易，一倚本垚。本垚亦乐就某某，而奉宜人居官署。闻宜人事又习，其可不铭。

赠君姓任，讳某，字某，世为巴陵人。曾祖某，祖某，考某。世基徽懿，文采斿彧，至赠君遽罹颠顿，不竟所学，挈弟力作，没齿晏如。道光中，大饥且祲，人庶流进，行殣弥野。赠君连遘闵凶，瘏瘁负土，敛窆用举，卒未尝励于人。邻人黎文星者，富而侠，雅重赠君，赠君终未一往。比黎氏中落，向所周假，操剂迫责，室家为毁，而赠君以无负独完。盖其贞介自植，不苟资藉，踽步于穷林幽壑，以深树其进取一概之义，而待时研几，发舒开布，所得于痛劬奔走者，拚涉同生斯世之人。其于艰吊冻馁。极人所不能忍而能忍。则其用也，视险阻阽危，丛脞歧骈，纷而相环，猝不得其首尾，莫不泊然相遭，犁然有当，而震烁之权焰以平。咸丰初，洪秀全犯岳州，新墙晏仲武阴附之。里人某又附仲武，翘其攫金，召诱奸宄，期于里之慈云庵，揭竿首难，日率数十辈缮治供具。或陟高呼啸，迟仲武至。有问者，拔刀叱曰："少选当识乃公也。"时府城不守，乡兵未兴，距所期又已迫。黠民悍夫，雄顾思逞，椎剽票虏，匪夙则暮，闾巷汹惧，莫必其命。赠君既廉其状，因从兄某与仲武习，夜遣就仲武述以诡辞，仲武疑不敢发。官军寻至，诛仲武，夷其党。赠君亦计缚某斩于军。由是里中清晏，罔敢暴横，深识之士，益知众志之本固，乡之人之可与有为，籍以安坐画策，徐收乡兵之效。如所谓团练者，或以扞卫墟井，或乃奋戈四战。后先飙举云迈，莫不表表然著忠勤，隆称号于世，而赠君已前殁矣。时咸丰几年某月某日，年五十有九。以子赠为奉政大夫，葬某乡某原某首某趾。妻彭氏，封宜人，后赠君二十有几年某月某日殁于甘肃布政使署，年七十有二。以光绪十有九年某月某日祔于赠君之左。子一，即本尧，同知衔候选知县。女一，适甘肃候补县丞李琢。孙一，德厚。女孙三。

宜人亦巴陵人。道光十有二年进士江西河口同知昌运之孙，岁贡生安仁县教谕浣之子。来嫔赠君，即悉鬻奁饰，佐植生业，椎髻布裙，操作而前。县故产名布，宜人所织，辄倍它值。永夜冱雪，未始休废。故赠君坦坦行其洁清之志，而无所于求，宜人之力多焉。赠君既没，本垚年财十有四，宜人亦自镌刻，勤本垚一如赠君之操。及本垚佐治甘肃，迎养历数州，崇奉日益腼厚。宜人弥务撙抑，余以禀恤困乏。真泠之辰，顾谓本垚毋纳赗赙，玷而翁清节。初，赠君疾笃，不御方药，曰："岂以死故累亲属？"若宜人可谓匹休齐烈者矣。方宜人家居时，违所居数十武，有溪焉。霖潦阒溢，砯揭病叹，宜人尽乎深恻，梁以柛榴，然苦易摧朽，谓本垚曰："它日当勉易石。"令本垚竟石之，如宜人命云。铭曰：

噫！祚微而尚可持，德卷而卒莫施；虽则莫施，以泽其牟裔而罔弗宜。隆庬之封，畴艰畴疑；绵融之佑，畴际厥涯。谓天或爽鉴此辞。

光绪十九年癸巳(1893),二十九岁

春赴芜湖,谒岳丈李公。时李公署徽宁池太广道,驻芜湖,寻返。夏上京师,流江,至上海,易舟浮海,抵天津,再易舟溯潞,至通州,陆行达京师。秋返湖北,仍由天津,径烟台至上海,浮江,过芜湖小住,然后返湖北。

是年夏与饶仙槎、李正则同写影于上海,作《三人像赞》,并作序、赞。文载公《全集》中像赞类。

补注:《远遗堂集外文续编·三人像赞并叙》:光绪十有九年,与饶仙槎、李正则同写照于上海。既而焚轮振槁,雨绝于天,旋有议饶甚口者,词连嗣同,恇惧之余,弥用悁悒,遗此戒之云尔。

三子并立饶者髯,右者维李左者谭。洸洸之海天所涵,于此取别相北南。既南既北用不咸,相语以自旁有箝。髯乎髯乎尔何谈,平生已矣来可砭。右者闭泏其口缄,左者之铭神则监。

《城南思旧铭并叙》及《和仙槎除夕感怀四篇并叙》,均作于是年。

补注:《寥天一阁文卷一·城南思旧铭并叙》:往八九岁时,读书京师宣武城南,塾师为大兴韩荪农先生,余伯兄、仲兄咸在焉。地绝萧旷，巷无居人，屋二三椽，精洁乏纤尘。后临荒野，曰南下洼。广周数十里，苇塘麦陇，平远若未始有极。西山晚晴，翠色照地，雉堞隐然高下，不绝如带，又如去雁横列，霏微天末。城中鲜隙地，民间埋葬，举归于此。蓬颗累累，坑谷皆满，至不可容，则叠瘗于上。甚且掘其无主者，委骸草莽，狸狳助虐，穿冢以嬉，骷髅如瓜，转徙道路。加北俗多忌，厝棺中野，雨日蚀漏，谽谺洞开，故城南少人而多鬼。余夜读，闻白杨号风，闲杂鬼啸。大恐，往奔两兄，则皆抚慰而呵煦之。然名胜如龙泉寺、龙爪槐、陶然亭，瑶台枣林，皆参错其间，暇即浼两兄挈以游。伯兄严重不常出，出则健步独往，侪辈皆莫能及。仲兄通悦喜事，履险轻矫，陂池泽薮，靡不探索。城隅井甘洌，辇以致远，毂鸣啾啾，和以吟虫凄楚，动人肝脾。当夫清秋水落，万苇折霜，毁庙无瓦，偶像露坐，蔓草被径，阒不逢人，婆娑宰树，唏嘘不自胜。欣欣即路，惘然以归。仆本恨人，僮年已尔乎。顾成人同游，盖莫不尔，皋壤使乐而墟墓生哀，抑所处殊也。

自伯兄不禄，韩师旋奄忽即世，余绝迹城南十有五年。后携从子传简入京师，寻所经历，一一示传简，且言余之悲。传简都不省意，颇怅恨，以为非仲兄无足以语此。而仲兄竟殁。素车星奔，取道南下洼。佛寺梵呗，钟磬朗澈，参以目所睹，瞿然大惊，谓是畴昔，徐悟其非，一恸几绝。今传简殁又四年，余于城南，乌乎忘情，又乌乎与言哉！湖广义园，亦城南僻壤也。亲属殁京师，寄葬园中，岁时持鸡酒麦饭上冢，俗礼乘小车白布盖，纸钱飘飏左右，及冢，挂纸钱树枝，男妇皆白衣冠再拜哭祭。祭已，哭益哀，良久乃去。有少妇弱子，伏地哭不起，供具又倍盛，则新冢也。

方余读书城南际，春蛙啼雨，棠梨作华，哭声殷野，纸灰时时飞入庭院，即知清明时矣。起随家人上冢已，必游于大悲院。院邻义园，其僧与余兄弟久故，导余遍履奥曲。僧墓兆数十顷，众木翳之，昏雅欢叫，弥见虚静。蓬蒿长可蔽人，雉兔窜跃蓬蒿中。归受高菊涧诗，至"日暮狐狸眠冢上，夜归儿女笑镫前"，触其机栝，哽噎不复成诵。塾师骇责，究其所以，复不能自列。长大举问仲兄，兄怃然有闲，乃曰："三复令骨肉增重。"呜呼！其曷已于思，抑曷已于铭？

峨峨华屋，冥冥丘山；人之既徂，鬼鸣其间。曰鬼来前，予识汝声，二十之年，汝唱予听，予于汝旧，汝弗予撄。昔予闻汝，雍穆群从，妄谓永保，交不汝重。肖然惟汝，孑然亦予，予其汝舍，予又奚趋？星明在天，雾暗覆野；被发走呼，寂无应者。噫嘻吁嗟，予察厥原。汝之不应，汝亦匪存。寒暑晦明，来以赓去，人道已然，鬼独能故？岂无飄飄，新死者嘘；岂不魋魋，后寒之骨。噫嘻吁嗟，鬼无故人，忧谁与写，不辍如焚。卷地沙飞，索群兽寒，缺碣眠陇，白露弥阡。我之人兮，于兹焉托，面土厚丈，长幽不廓，酾酒荆榛，畴言可作。缅怀平生，亦富悲冤，泪酸在腹，斋以入泉。泉下何有，翳翳昏昏，息我以死，乃决其藩。闵予之留，实肩斯况，豪乐纤哀，奔会来向。明明城南，如何云忘？城南明明，千里恻怆！

又：《莽苍苍斋诗卷第二·和仙槎除夕感怀四篇并叙》：旧作除夕诗甚伙，往往风雪羁旅中，拉杂命笔，数十首不能休，已而碎其稿，与马矢车尘同朽矣。今见饶君作，不觉蓬蓬在腹，忆《除夕商州寄仲兄》："风樯抗手别家园，家有贤兄感鹡原。兄曰嗟予弟行役，不知今夜宿何村。"风景不殊，幽明顿隔，呜邑陈言，所感深焉，亦不自知粗放尔许。

断送古今惟岁月，昏昏腊酒又迎年。谁知羲仲寅宾日，已是共工缺陷天。桐待凤鸣心不死，泽因龙起腹难坚。寒灰自分终销歇，赖有诗兵斗火田。

我辈虫吟真碌碌，高歌《商颂》彼何人。十年醉梦天难醒，一寸芳心镜不尘。挥洒琴尊辞旧岁，安排险阻著孤身。乾坤剑气双龙啸，唤起幽潜共好春。

内顾何曾足肝胆，论交晚乃得髯翁。不观器识才终隐，即较文词势已雄。逃酒人随霜阵北，谈兵心逐海潮东。飞光自抚将三十，山简生来忧患中。

年华世事两迷离，敢道中原鹿死谁。自向冰天炼奇骨，暂教佳句属通眉。无端歌哭因长夜，婪尾阴阳剩此时。有约闻鸡同起舞，镫前转恨漏声迟。

冬十一月敬甫公奉朝命，赴四川查办事件，越年二月返鄂。公留武昌抚署管理家政。

是年暹罗(今泰国)宣布独立，为英法两国所导致。

谭嗣同

光绪二十年甲午(1894),三十岁

是年湘乡刘襄勤公卒于故里,公奉父命赴湘乡祭吊。

秋归湖南长沙,旋陆行往湘乡。事毕,即取道涟水返长沙,参与秋试。时值午年,正乡试期。公《三十自纪》载"十年中六赴南北省试",此乃最后一次。试后,即回浏阳,冬返湖北。

作《莽苍苍斋诗序》《三十自纪》《汉上纪事》诗及《挽刘襄勤公联》。冬又撰《浏阳谭氏谱》四卷并《叙例》。

补注:《莽苍苍斋诗补遗·序》:天发杀机,龙蛇起陆,犹不自惩,而为此无用之呻吟,抑何靡与?三十前之精力,敝于所谓考据辞章,垂垂尽矣!勉于世,无一当焉,愤而发箧,毕弃之。刘君淞芙独哀其不自聊,劝令少留,且擴拾残章为补遗,姑从之云尔。光绪二十年十二月也。

又:《寥天一阁文卷第二·三十自纪》:古无集部书。《七略》虽有诗赋,而班氏所叙,仍判赋家、歌诗为二,称某赋若干篇,某歌诗若干篇而已。列传中亦第称所箸诗赋箴铭颂赞若干篇,初不言集。若夫汉武帝命所忠求相如遗书,魏文帝诏天下上孔融文章,渐昭风轨,犹无集名。自荀况诸集,编题后人;张融《玉海》,标目已意,乃始波颓雾靡,不可胜遏。宋、明以还,降而鄙滥,粗了文义,莫不各有专集。精识雅才,所当借鉴其失,何复更效之也。嗣同少颇为桐城所震,刻意规之数年,久自以为似矣;

出示人，亦以为似。诵书偶多，广识当世淹通专壹之士，稍稍自惭，即又无以自达。或授以魏、晋间文，乃大喜，时时籀绎，益笃耆之。由是上溯秦、汉，下循六朝，始悟心好沈博绝丽之文，子云所以独辽辽焉。旧所为，遗弃殆尽。续有论箸及弃不尽者，部居无所，仍命为集。亦以识不学之陋，后便不复称集。昔侯方域少喜骈文，壮而悔之，以名其堂。嗣同亦既壮，所悔乃在此不在彼。窃意侯氏之骈文特伪体，非然，正尔不容悔也。所谓骈文，非四六排偶之谓，体例气息之谓也，则存乎深观者。既悔其所为，又悔其成集。子云抑有言，雕虫篆刻，壮夫不为。处中外虎争文无所用之日，丁盛衰互纽膂力方刚之年，行并其所悔者悔矣，由是自名壮飞。

五岁受书，即审四声，能属对。十五学诗，二十学文，今凡有《寥天一阁文》二卷，《莽苍苍斋诗》二卷，《远遗堂集外文初编》一卷，《续编》一卷，《石菊影庐笔识》二卷，《仲叔四书义》一卷，《谥考前编》二卷，《浏阳谭氏谱》四卷，都十五卷。又《纬学》，翼经也；《史例》，书法也；《谥考正编今编》，名典也；《张子正蒙参两篇补注》，天治也；《王志》，私淑船山也；《浏阳三先生弟子箸录》，欧阳、涂、刘也；《思纬壹壹台短书》，甄俗也；《剑经衍葛》，武事也；《楚天凉雨轩怀人录》，思旧也；《寸碧岑楼玩物小记》，耆古也，未成，无卷数。惟《史例》有叙。

同治四年春二月己卯,嗣同生于京师宣武城南懒眠胡同邸第。旋徙库堆胡同,今为浏阳会馆者也。光绪元年春,随任北通州,犹时往京师。三年冬,归湖南,取道天津,浮海径烟台至上海,易舟溯江,径江苏、安徽、九江至湖北,又易舟仍溯江泛洞庭,溯湘至长沙,陆抵浏阳。四年春,赴甘肃,舟至长沙,易舟流湘泛洞庭,流江径湖北,溯汉至襄阳,陆径洛阳入函谷、潼关至陕西。秋,至兰州,回抵秦州。五年夏,归湖南,取道徽县,流嘉陵江至略阳,陆至汉中,流汉至襄阳,易舟仍流汉径湖北,溯江泛洞庭。秋,至长沙,陆抵浏阳。七年秋,游长沙,寻归。八年春,赴甘肃,舟至长沙,易舟流湘泛洞庭,流江径湖北,溯汉至襄阳,又易舟仍溯汉,溯丹至荆紫关,陆径陕西。夏,抵秦州,从行县伏羌。秋,赴兰州,冬返。九年春,赴兰州。十一年春,归湖南,径陕西至龙驹寨,流丹径浙川,流汉至襄阳,易舟仍流汉至湖北,又易舟溯江泛洞庭,溯资至益阳,又易舟流资溯湘至长沙。夏,陆抵浏阳。秋,赴长沙,寻归。冬,赴甘肃,陆至长沙,流湘泛洞庭,流江径湖北,溯汉至襄阳,易舟仍溯汉,溯丹至荆紫关,陆径陕西。十二年春,抵兰州。十四年夏,归湖南,径陕西至龙驹寨,流丹径浙川,流汉至老河口,易舟仍流汉至沙洋,又易舟至荆州,又易舟溯江,出太平口泛洞庭,流资溯湘至长沙,陆抵浏阳。秋赴长沙,寻归。冬,赴甘肃,同十一年。十五年春,抵兰州,寻上京师,径陕西,出潼关，渡河径山西，夏抵京师，寻归湖南，同三年。秋，抵浏阳。十六年春，赴湖北，舟至长沙，易舟流湘泛洞庭，流江抵湖北。夏，归湖南。秋返，赴安徽，流江径九江抵安徽，寻返。十七年秋，归湖南，抵长沙，游衡岳，冬返。十九年春，赴芜湖，流江径九江、安徽抵芜湖，寻返。夏，上京师，流江径九江、安徽、江苏至上海，易舟浮海，径烟台至天津，又易舟溯潞至北通州，陆抵京师。秋，返湖北，取道天津，浮海径烟台至上海，易舟溯江，径江苏至安徽，易舟仍溯江，径九江抵湖北。二十年秋，归湖南，抵长沙，陆赴湘乡，寻流涟，流湘，返长沙，陆抵浏阳，冬，返湖北。为此仆仆，迫于试事居多，十年中至六赴南北省试，惟一以兄忧不与试，然行既万有余里矣。合数都八万余里，引而长之，堪绕地球一周。经大山若朱圉、鸟鼠、崆峒、六盘、太华、终南、霍山、匡庐无算；小水若泾、渭、漆、沮、浐、灞、洮、潼、澧、蓝、伊、洛、涧、瀍、恒、卫、汾、沁、滹沱、无定、沅、澧、蒸、渌无算；形势胜迹益无算。制情偷惰，未付简毕，退缅游乐，难忘于怀。风景不殊，山河顿异；城郭犹是，人民复非。续此以往，仍有前之升峻远览以写忧，浮深纵涉以骋志，哀鸣箫于凌霞，翼叠鼓于华辀者乎？不敢知也。聊复登录，识一时欣遇，云补游记焉尔。

东海褰冥，厥系孔多。姓嬴氏谭，作浏于家。乃名嗣同，锡由傲嵯。死而复生，字余维嘉。复子自目，聊欲婆献。复思复思，罘罳是仪。径言复复，故旧谧哦。（马永卿《嫩真子》，唐《中兴颂》，复复指期，引《匡衡传》所更或不可行而复复之，又何武为九卿奏言宜置三公官，又与翟方进共奏罢刺史置甘州牧，后皆复复故为证。）曰通眉生，卫诗匹蚁。辰在轧纽，维吾则讹。核理达艺，笃念编摩。隶首竖亥，摘洛钩河。博弈角抵，钟律鸟蝌。典坟莫莫，篇章峨峨。妄心驺吾，渺思鸾和。孰是不类，变乱骈苛。屿属渚族，浅澥谰诧。瘊噬京周，滂沱泣嗟。触藩羸角，行棘荷戈。豫章之蠹，不拨奚为？焦冥嬉巢，虻糜掌挝。川蟹不归，紧独逢罹。反袂告绝，凄矣其歌！

又：《寥天一阁文卷第二·浏阳谭氏谱叙例》：谱牒古为专门之学，今澌灭久矣尽矣。《周礼》小史掌邦国之志，定世系，辨昭穆。媒氏凡男女自成名以上，皆书年月日名焉。凡娶判妻入子者，皆书之，是即谱也。小司徒、乡师、乡大夫、族师之属，咸有校稽夫家之职。向使无谱，复何由悉其登秏哉？隋、唐而上，官人以族别流品，立中正，官有簿状，家有谱系。簿状据以选举，谱系资以婚姻。兼有图谱局，置郎令史掌之，仍命博通古今之儒知撰谱事。凡百官族姓之有家状者，上之官，为考订详实，藏于秘阁，副在左户。若私书有滥，则纠之以官籍；官籍不及，则稽之以私书。其矜尚也如此。司马子长箸《史记》，全采《世本》为说，是以唐以前史详于氏族。或衍公侯而成世表，或舍占籍而书族望，史且不能不赖乎谱。斯谱牒之学，史之根渊，何啻支流余裔而已。

五季云扰，斯义用沦，千余年来，官书充秘阁，日孳乳至不复可容，目录家并肩林立，收四部书无算，犹称多所未覯，犹谱牒奄然阙焉。（郑渔仲作《通志》时，尚箸录谱牒百七十部，然率存空目，故《四库全书总目》竟削谱牒一门）惟飞文之士，撰录专集，劣具家传一二，如斯已尔，夫不重可唏乎？尝谓谱学莫精于六朝，六朝莫邃于刘孝标。其注《世说新语》，引吴氏谱、羊氏谱、谢氏谱、陈氏谱、王氏谱、孔氏谱、许氏谱、桓氏谱、冯氏谱、殷氏谱、陆氏谱、顾氏谱、庾氏谱、诸葛氏谱、刘氏谱、杨氏谱、傅氏谱、虞氏谱、卫氏谱、魏氏谱、温氏谱、曹氏谱、李氏谱、袁氏谱、索氏谱、戴氏谱、贾氏谱、郝氏谱、周氏谱、郄氏谱、韩氏谱、张氏谱、荀氏谱、祖氏谱、阮氏谱、司马氏谱、挚氏世本、袁氏世纪至三十余家。北朝藻耀，宜若不逮。然郦善长《水经注·鲍丘水篇》引阳氏谱叙、《淮水篇》引嵇氏谱，它若《史记》《汉书》《后汉书》《三国志》《文选》诸注及《圣贤群辅录》，并繁称引，既列官书，虑无不研覃于兹。又其文辞，根据典要，组斐可诵，非若今之私记子姓，不能通示于人，人亦无欲观之矣。

谱牒，又宗法所赖以不终坠也。王者封建、井田、学校、财赋、礼乐、政刑，事神理人，萃天下之涣，纲天下之目，一以宗法为率,宗法又一寄于谱牒。《礼记》:“别子为祖,继别为宗,继祢者为小宗。”夫继别之宗,百世不迁者也,不容有二;继祢之宗,五世即迁者也,故继祢祖曾高而有四。此班孟坚之旧说,而纪慎斋所力为发明者也。然四者举一人焉以为例也,人皆有祢祖曾高,亦皆有为祢祖曾高之日,则小宗不止四也。四者举一人焉以为例也,别子有三:一公子之别子,大夫不敢祖诸侯,别为族而身为别子;一始迁之别子,别于本宗而为别子;一始为大夫之别子,别为庙而为别子。顾亭林遵而是之,而毛西河独以为非,訾始为大夫之别子为宋儒臆造。于是无封建即不得有宗法,所当弃置勿复道,而宗法斩矣。至许酉生、汪钝翁、纪慎斋,又一反其说,必庶姓起为大夫,始得谓之别子。甚至诋前二别子为注疏之误,虽未必合古,而实可行于今。故曰:王者封建诸政,必依乎宗法,非宗法依封建。封建可废,宗法不可废。宗法者,王政之精微而博大,又易易者也,非繁重迂缓之类也。举之则立行,行之则立效。邓潜谷封建废宗法格之论,又未尽然也。变而通之,无封建之世,宗法曷尝不可治天下哉?程易畴所图宗法近是矣,而偏主兄道立论,仅得旁杀之情,于上杀下杀犹疏也。至若解有大宗而无小宗,有小宗而无大宗,有无宗亦莫之宗,以为三公子在后世,亦犹别子为祖也。与万充宗诸侯世子之兄弟,不分适庶,皆称别子,同为深得《礼》意。今虽无公子之别子,固有始迁始为大夫之别子。嗣同迁浏阳之祖,昆弟四人,初不同居,宜各为族。其族子世贤后迁,又自为一族。使泥于兄道之说,不皆为别子,必将舍其祖,而祖他人之祖,情所不协,尤事所必不行。今家庙,其祀迁长沙之祖,为迁浏阳之祖所自出,是犹始祖庙也。五别子之裔,法当各立祖庙,乃臻明备。嗣同撰世系,弟详本支,亦此意矣。夫大宗,犹易明也,小宗难明。非明之难,明之者难之也。诸家聚讼,得失不遑备论。统之人皆有祢祖曾高,亦皆有为祢祖曾高之日。则小宗不止四,非大宗,即人人皆小宗。假别子有三子,伯为一族,所宗为大宗,仲叔各为其子孙曾元所宗,兼宗大宗,为小宗。小宗有三子,伯为继祢之小宗,仲叔又各为其子孙曾元所宗,兼宗继祢之小宗,自为小宗。继祢之小宗有三子,伯为继祖之小宗,仲叔又各为其子孙曾元所宗,兼宗继祖之小宗,自为小宗。继祖之小宗有三子,伯为继曾祖之小宗,仲叔又各为其子孙曾元所宗,兼宗继曾祖之小宗,自为小宗。继曾祖之小宗有三子,伯为继高祖之小宗,仲叔又各为其子孙曾元所宗,兼宗继高祖之小宗,自为小宗。至继高祖之小宗,有子则祧其父之高祖,而宗其父之曾祖,亦为继高祖之小宗。以下皆仿此。自为小宗者有三子,伯亦为继祢之小宗,兼宗继高祖之小宗;仲叔亦自为小宗,兼宗其继祢之小宗。以下皆仿此。凡五世则祧其始为小宗者,而宗其弟二世,凡六世并祧其弟二世,而宗其弟三世,由是递嬗以至无穷。大宗则无不宗之者,小宗已祧之祖,已毁之庙,其所衍之支裔,于我为无服之疏属,我不宗之,而亦不复我宗。所谓祖迁于上,宗易于下,庶姓别于上,戚单于下,非大宗即人人皆小宗矣。古今言宗法者,明邱文庄差平易近情,顾黄公图诸《白茅堂集》,今少采其说为谱。惟所列世数,不数别子,而以继别为第一世,以言宗别子者始此则可耳,于世数无取。嗟乎!天下祸乱相寻,不知所届,由亲亲之谊薄,散无友纪,而宗法不行于今也。宗法不行,宗法之不明也。使无谱牒,又乌从明而行之?是足为宗法之本焉。

《说文》:“鄿,国也。齐桓公之所灭,从邑,覃声。”徐铉氏曰:“今作谭,非是。《说文》注义有谭长,疑后人传写之误。”段玉裁氏以为鄿谭古今字。《史记·齐世家》作郯,《白虎通德论》名号宗族两引《诗》作覃,《仪礼经传通解》引《尔雅》郭注亦作覃,皆通假字。徐锴氏《系传》:“杜预曰:东海襄冥是也(不知何据),子爵。”范宁氏《谷梁传集解》,谭子国灭不名,盖无罪也。杜预氏《左传注》,谭国在济南平陵县西南。《春秋释例》土地名,谭,济南平陵县西南谭城。《玉篇》,鄿在济南平陵县南,通作谭。郦道元氏《水经注·济水篇》,武原水出谭城南平泽中;又曰:汉文帝十六年,置为王国,景帝二年为郡,王莽更名乐安。《汉书·地理志》同。《郡国志》,东平陵有谭城,故谭国。李吉甫氏《元和郡县志》，齐州全节县，本春秋谭国之地，齐灭之，汉以为东平陵县，属济南郡。杜佑氏《通典》，齐州全节县，春秋时谭国，城在县西南。郑樵氏《通志·氏族略》，今齐州历城有古谭城，子孙以国为氏。乐史氏《太平寰宇记》，历城县谭城，在县东南一十五里。欧阳忞氏《舆地广记》，汉末平陵县本谭国，在汉为济南郡治，其后郡徙历城，而平陵又废。唐武德二年，置谭州，复平陵县；贞观六年，州废，属齐州；十七年，齐王祐起兵，平陵人李君求据县不从，因改名全节。罗泌氏《路史》，今齐之历城，武德中为谭州，东南十里有故城；罗苹氏注引杜预氏作济南东平陆西南有古谭城。案陆，陵之讹，文亦小异。窦苹氏曰："今齐州东平陵镇也。"《齐乘》，东平陵城在济南东七十五里，春秋鄿国，齐桓灭之，古城在西南龙山镇相对，汉为东平陵县。秦嘉谟氏《世本辑补》，谭氏国在济南。顾祖禹氏《读史方舆纪要》，东平陵城府东七十五里，春秋时谭国地也。《一统志》，故谭城在济南府历城县东七十里，东平陵故城在县东七十五里。案今山东济南府治东南七十里，有故谭城，东平陵故城在今济南府治东七十五里，后世以之封建，则有唐谭国公邱和。

《诗》有谭公，《毛序》有谭大夫，《急就篇》有谭平定，《汉书·古今人表》有谭大夫。《说苑》，桓公曰："昔者吾围谭三年，得而不自与者仁也。"（据此虽灭于齐，尚存宗祀，故孟尝君时，齐有谭子)《新序》,吴有士曰谭夫吾。《风俗通义》,孟尝君逐于齐,见反,谭子迎于澠。邵思氏《姓解》,汉有河南尹谭闳;《广韵》同。《后汉书·逸民传》有太原谭贤,《南齐书》及《南史·孝义传》皆有零陵谭宏宝,《五代史·闽世家》有正一先生谭紫霄。道家又称箸《谭子化书》之谭峭为紫霄真人,不知是一是二。沈汾氏《续仙传》,称峭为唐国子司业谭洙之子,或传其诗曰:“线作长江扇作天,靸鞋抛在海东边。蓬莱信道无多路,只在谭生拄杖前。”《五代史·卢光稠传》又有南康谭全播。《宋史》有朝城谭延美,谭继伦,长沙谭世绩;《文苑传》有谭用之,至若谭稹,又其败类者矣。《元史》有怀来谭资荣,谭澄,谭克修;《孝友传》有茶陵谭景星。《明史》自吾祖崇安侯、新宁伯外,有丹徒谭广;《何孟春传》有谭钻,《姜绾传》有谭肃,《吴岳传》有始兴谭太初,《袁洪愈传》有箸《明大政纂要》之四川巡抚茶陵谭希思,《安希范传》有大庾谭一召,《文苑传》有竟陵谭元春,《忠义传》有谭丝,谭恩,平坝谭先哲。《明史》又同时有两谭纶:一为吾祖,嗣新宁伯镇湖广,原名宗纶,其后遂迁长沙;一为宜黄人,字子理,官兵部尚书,谥襄敏,与戚继光齐名,称谭戚者也。

又《南史·王俭传》,政府见一选人姓谭,戏曰:“齐侯灭谭,那得有卿?”对曰:“谭子奔莒,所以有仆。”辩对俊敏,惜不得其名。其它见于杂书者,隋大业当阳铁链款识有伯达谭俗生,唐

《麻姑仙坛记》有谭仙岩,《裴镜民碑》有谭公大将军,《云溪友议》有吴门秀士谭铢《题真娘墓诗》:“武丘山下冢累累,松柏萧条尽可悲,何事世人偏重色,真娘墓上独题诗。”宋有长真子宁海谭处端,皇佑进士始兴谭侁,绍兴进士高要谭惟寅,七岁应童子科茶陵谭昭宝。《枫窗小牍》有童子科之泰州谭孺卿。《长沙府志》有谭顺妃,为明洪熙帝妃,湘潭人,父福官御史。《南疆绎史》有殉桂王难昆阳谭三谟,《皇朝通志》有同知谭丝,主事谭文化,皆通谥节愍。国朝仕宦至显达者,福建陆路提督谥恭悫三台谭行义,吏部侍郎云南巡抚南丰谭尚忠,尚书谭廷襄,新疆提督湘潭谭拔萃,兼护云贵总督云南巡抚镇远谭钧培,今太子少保四川总督茶陵谭钟麟,太子少保江南提督湘潭谭碧理。仕宦不愿而国史有传者,嘉兴谭吉璁,成都谭公义。谭氏古今闻人,略备于此,亦云仅矣;而犹非吾谱所有。

旧谱乃远溯洪荒,称谭氏系出颛顼,遍稽故籍,不悉所本,又不详何姓。顾栋高氏《春秋大事表》,以谭为子姓,尤不悉所本。秦嘉谟氏曰:“《左传》,郯子来朝,称少昊为吾祖。杜预以为己姓,《史记》《潜夫论》以为嬴姓,方以为疑。及校《史记·齐世家》有云:‘二年伐灭郯,郯子奔莒。’始悟二书所称之郯,即《左传》之谭也。”案鄿郯声同形近,故易讹。段玉裁氏亦曰:“《齐世家》讹作郯。”可证司马所据正作鄿,是秦说信矣。然郯子来朝之郯自己姓，特司马迁氏王符氏所称之郯为即谭耳。以此确知谭是嬴姓矣。《通志》列于周不得姓之国，殆未考。《路史》郯谭皆嬴国，是又误《史记》《潜夫论》之郯，为《左传》己姓之谭，而并以为嬴姓。又云："覃、谈、佼三姓，皆谭所衍。"《通志》亦云："覃氏本谭，或去言为覃。"又云："巴南六姓，有谭氏，盘瓠之后也。"此是别谭。陈士元《氏姓觿》，覃韵有谭，引《千家姓》云："宏农族"；侵韵又有谭，音寻，引《千家姓》云："广平族。"案谭去言，犹曰谭衍，况一字遂两读而分二族乎？覃韵又别出鄿，引《姓考》云："齐大夫食采鄿城，因氏。"案谭行而鄿废，非有二字，已不识字，乃别纪一姓，且杜撰食采鄿城之说以实之。廖用贤氏《尚友录》，至称鄿国在平阴县，为秦所灭，诞陋无稽，至此蔑加矣。

谱学绝，宗法亡，于是有大宗无后，或有后而不详于谱，一族遂莫知所宗。拟以某宗推补之，又嫌乖于事实，仍复空其系，冀后之人能继。继之不能，则以次近大宗之小宗，敬之如大宗。今特引其议端而已。推此凡详略存佚，一仍旧谱，无所于革，愈近则愈详，势固然也。惟一事此不言而彼言，则援彼以证此，或彼此两注，它篇又注者，更端也。别见它书，塙凿足征，亦复引以校补，时代、舆地、官制、史事，尤讨索不避复累。别同异，明是非，决嫌疑，定犹豫。在本篇文近，乃不更疏，具前也。其有牴牾忠踳驳，疑莫能明，则从盖阙，闲下子注，少効匡正，而仍附原文于下，辟专也。世系丙篇，崇安侯不称别子，而图称别子，穷于称也。弟嗣兄爵，而列为一世者，顾亭林、万充宗同庙异室之指趣也。世系不讳，公言也。家传讳，自我言之也。生殁年月日时葬所，及嫁娶之族，必详书之，无书乃已，庶几媒氏旧例也。其它随事见义，无取发凡。

今世谱式横而左行者，云始欧阳氏，名“欧谱”；纵而下行者，云始苏氏，名“苏谱”。虽纪文达不能不援用为谱，其实皆图表也，非世系也。今撰世系悉准宗法，首书别子为弟一世，系以大宗为弟二世，三世，可至于万世。别子之余子，为弟二世小宗。小宗非一，以数纲之，称弟二世小宗。几小宗之余子，及二世大宗之余子，又别为弟三世小宗。小宗非一，以数纲之，称弟三世小宗，几亦可至于万世。至于序次前后，同父则以年，不以宗（指兄夭绝，而弟嗣宗子为父后者）；非同父则以宗，不以年。无子则无宗，附书于父系。一人而数妻数妾，其子女则分隶于所生。夫存，妻妾醮，书出；夫殁，则书去。凡易一宗，则跳行更端，条其人之出于弟几世大宗，或弟几世小宗，几小宗所出，远则兼溯其始为小宗者。小宗不言继祢祖曾高，而言弟几世，取明世数，齐长幼，不言迁祧，义自见也。合之则横，析之则纵，上统乎一，下御乎纷。故曰：“非大宗即人人皆小宗矣。”世系或易紊，又质之以图，古书之繁博者，类为图以杜讹夺，使得据以勘校，非为人省烦，而遏其寻汲之勤也。《尔雅》《列女传》尚矣！使《山海经》无图，何以言首之某向？使初封平原无图，孙德达亦无以决鸣犊之诈。在史家谓之表，表亦图也。《史》《汉》缺误时，赖表以自纠，所以独高于群史，故曰图杜夺也。六朝以图谱名局，则图尤谱所必重。世系若干篇，篇皆有图。

谱牒之学，有大蔽二。一曰攀附。遥遥华胄，流为讥谑，郭崇韬、狄青所由判贤否也。一曰夸大。虽孝子孝孙之心，称美不称恶，其体比于鼎铭。然既不为王充之自贬所天，亦不当如阳休之贿佳父传，贤而勿伐，庶几既美其所称，又美其所为也。乃或非所出而腼属之，非所有而横诬之，失各不同，其为不仁其先则同。旧谱颇崇严谨，不骛繁缛，上溯仅及宋靖康而止。始祖思永府君孝成，避金乱，自来之江南西路洪州新建县樵舍本籍，迁宋之福建路汀州长汀县。再传铭盘府君承新，迁清流县。十四传以绥府君功安，迁明之湖广长沙府长沙县。又三传祥瑞府君逢琪昴弟及族子世贤，避明季之乱，乃迁今浏阳县。谱始成于以绥府君。顺治十三年，修于浚轩府君世昌，佐者世禄、世贤。乾隆十四年，再修于熙亭府君文明，佐者文开、文章、文徽、文阜、文卓、文庠、文翠、经邦、经济、经权、经诗、经书、经恒、经庸、经方、经世、经正、经鼎、经渭、经铎、经体、学纲、学诚、学姬、学奎、学荣、学博。光绪六年，三修于海峤府君继升，佐者继芰、继墉、继棠、继权、嗣榘、嗣棻、嗣楚、嗣曦、嗣煋、嗣炯、嗣德、传信、传甲、传绮,及兹又十四年矣。

有为之先,莫或赓衍,非情也。且自东方用兵,四宇骚然不靖,强邻环窥,权慝内蛰,财涸军衄,京师震动,诸侯卿大夫士庶人咸踘踘无以自必。念昔先人郁德丁患,望烽转徙,用播斯土,早世志乘,亦少散失焉。仁泽贯累代,迄育于藐躬,质在凡近,名窃副介,郦亭侍节,麦铁陪麾,被服金玉,驱猎秘笈,幸获绎此遗文。不效服膺,宛同遏佚。夫诸父诸兄之相为聚处,敬宗收族之相与周旋,任恤睦姻,欢以相即,乐酒今夕,君子维宴,此自戒溢持满之事。我生不辰,焉可源源如此哉?分崩离析之谁止,还定安集之无时,纂录弗就,刘子玄所以亟愤于修史,至泣尽而继之以血。况谱牒前无所踵,难十于史,绪千载之绝,成一家之言,不可不夙讲也。士食旧德,所由兢兢宝守,罔敢坠没。不自知其弇陋,稍易旧规,主明宗法,文或损益,其事则故,近事谨阙不录,以符三十年增修之议。惟三长之资,天人交囿,于考订《礼经》,句稽故实,比次体例,粗尽心焉。嗟乎!企壁经之孔甲,未理惑于牟融,弱草栖尘,枯泉飞液,傥后之群从诸子,不我差池,完其草创,策其不逮,益廓而大之,兼综众美,不蹈二蔽。嗣同今日愚僭,冀有蔽乎!某须矣,未敢幸也。

起光绪二十年仲冬,讫岁除,成《浏阳谭氏谱》四卷,凡为世

张之洞

系十，图十，家传十三，叙例目录终焉。

又：补注：《莽苍苍斋诗卷第二·汉上纪事四篇》：沧海横流日，长城入款年。雁臣皆北向，马市亦南迁。冒顿雄心在，余皇夜语传。耀兵骄未已，江上试投鞭。

微闻夏元昊，少小即凶残。法令轻戎索，威仪辱汉官。行看飞羖軅,岂是召呼韩。帛树休相拟,熙朝礼数宽。

辽儿曾奉使,主父竟窥邻。厚德终归宋,无人莫谓秦。桥门虚入侍,汉室重和亲。转悼南征者,凄凉问水滨。

蹈海闻高义,斯人亦壮哉。岂知宾日地,犹有报韩椎。蕞尔蜻蜓国,居然獬豸才。一声燕市筑,千古尚余哀。

又:《远遗堂集外文续编·挽刘襄勤公联》:西域传是兰台一家之书,县度纪师程,铭石还应迈前古;东汉人行举主三年之服,深知惭荐剡,酒帛何止为情亲。

是年夏秋间,中日战争爆发,我国陆、海军均失败。九月,两江总督刘坤一奉命赴山海关督师,张之洞署理两江总督,敬甫公以鄂抚兼署湖广总督。张氏至次年十一月回任。

先祖生平(丙)

光绪二十一年乙未(1895),三十一岁

日本陷刘公岛,继攻陷东北之营口及澎湖,清廷屈辱与日议和,签订《马关条约》割让台、辽。是时公作两长函,一上其师欧阳瓣姜先生;一致其友贝元徵先生。两书均主变通、行西法,以应付时势。

上欧阳师《兴算学议》要点:

一、言《马关条约》缔结,大失民心,认为"君以民为天,民心之涣萃,天心之去留也"。

二、言"士生今日,亦只有隐之一法;然仕有所以仕,隐尤当有所以隐。为天地立心,为生民立命,以续衡阳王子之绪脉,使孔、孟、程、朱之传不坠于地。"

三、言"夫子之去年去鄂,曾发变法之论,伏望先小试一邑。邀集绅士讲明今日之时势与救败之道,设立算学格致馆,招集聪颖子弟肄业其中。此日之衔石填海,他日未必不收人材蔚起之效。”又言“算学为中国所本有,格致之理,杂见于古子书中,谅亦不能以奇技淫巧见阻”。

四、言“因见于大化之所趋,风气之所溺,非守文因旧所能挽回者。不恤首发大难、书此尽变西法之策,而变法又适所以复古。”

致贝元徵先生信载《思纬壹壶台短书》,余少年时见其稿本,上书“不刻”二字。十九年兵燹,稿本遂流露于外。

书中要点:

一、答贝君之询问,“讲求洋务之术尚未精,必变法以图治欤?”公引衡阳王子之言曰:“道者器之道,器者不可谓道之器也,”认为无其道,即无其器。

二、谓伦常为治国之原则,有相维相系之功用,秦以后尊君卑臣,伦常因此破坏。

三、谓时代变迁,理法亦当有变迁,不可仍守故辙。

四、谓今日之洋务运动失败之主因:一不讲求实际;二主持不得其人。

五、今日应注意“富而后教”四字,经济和政治应双管齐下。

六、有利必兴,有害必除,一切求实,不宜作伪。

七、言八股之害。清初顾亭林悼时文之害,不减秦代之焚书。

八、主张在浏设立算学格致馆之用心。

九、变法当注意者：(一)善于运用，不可扰民；(二)讲求新方，不可落伍；(三)筹足款项，禁止淫祀；(四)留意教育，培养人材。

补注：《思纬壹壸台短书·报贝元徵》(节选)：元徵齐年有道：李正则书称足下流寓天津，适馆厥家，德星辉聚，甚善！甚善！

奉五月十四日书，具承操先醒之资，蕴悯乱之旨。方复图谋三反，盱衡相告，其日(清季原刊本“其日”作“其曰”)正则同驻，藉晓中外情事，此诚当务之急，儒者所尽心矣。嗟乎！谁为为之，不图才数月，使天下大局破裂至此！割心沉痛，如何可言！夫不获已而和，是也，而利权兵权制造之权，骎骎乎及于用人行政之权，一以授之敌，无短篱之不撤，有一纲而俱尽，直合四百兆人民之身家性命而亡之，即何能为今之条约解矣。前寄书有未宣究，今且即答来语，一一陈之：

来语“将讲洋务之术尚未精，必变法以图治欤？抑中国圣人之道固有未可尽弃者欤？”嗣同以为圣人之道，无可疑也。方欲少弃之而不能，何况于尽。特所谓道，非空言而已，必有所丽而后见。《易》曰：“形而上者谓之道，形而下者谓之器。”曰上曰下,明道器之相为一也。衡阳王子申其义曰:“道者器之道,器者不可谓之道之器也。无其道则无其器,人类能言之。虽然,苟有其器矣,岂患无其道哉!君子之所不知而圣人知之,圣人之所不能而匹夫匹妇能之,人或昧于其道者,其器不成,不成非无器也。无其器则无其道,人鲜能言之,而固其诚然者也。洪荒无揖让之道,唐、虞无吊伐之道,汉、唐无今日之道,则今日无他年之道多矣。未有弓矢而无射道,未有车马而无御道,未有牢、醴、璧、币、钟、磬、管、弦而无礼乐之道,则未有子而无父道,未有弟而无兄道,道之可有而且无者多矣。故无其器则无其道,诚然之言也,而人特未之察耳。故古之圣人,能治器而不能治道。治器者则谓之道,道得则谓之德,器成则谓之行,器用之广则谓之变通,器效之著则谓之事业。故《易》有象,象者像器者也;卦有爻,爻者效器者也;爻有辞,辞者辨器者也。故圣人者善治器而已矣。”又曰:“君子之道,尽夫器而已矣。辞所以显器,而鼓天下之动,使勉于治器也。”由此观之,圣人之道,果非空言而已,必有所丽而后见,丽于耳目,有视听之道;丽于心思,有仁义智信之道;丽于伦纪,有忠孝友恭之道;丽于礼乐征伐,有治国平天下之道。故道,用也;器,体也。体立而用行,器存而道不亡。自学者不审,误以道为体,道始迷离徜恍,若一幻物,虚悬于空漠无朕之际,而果何物也耶?于人何补,于世何济,得之何益,失之何损耶?将非所谓惑世诬民异端者耶？夫苟辨道之不离乎器，则天下之为器亦大矣。器既变，道安得独不变？变而仍为器，亦仍不离乎道，人自不能弃器，又何以弃道哉？

且道非圣人所独有也，尤非中国所私有也，惟圣人能尽之于器，故以归诸圣人。以归诸圣人，犹之可也。彼外洋莫不有之。以私诸中国，则大不可。以彼处乎数万里之海外，隔绝不相往来，初未尝互为谋而迭为教。及证以相见，则所食者谷与肉，不闻其或异也；所饮者酒与浆，不闻其或异也；所衣者布帛裘褐，所宝者金玉珠玑，不闻以冠代履，以贵贸贱也；所需之百工器用，商贾输贩，与夫体国经野，法度政令，不闻有一不备也；与中国通商互市，易器物而用之，又未尝不各相宜也。独于伦常，窃窃然疑其偏绝。夫伦常者，天道之所以生生，人道之所以存存，上下四旁亲疏远迩之所以相维相系，俾不至瓦解而土崩。无一息之或离，无一人之不然，其有节文之小异，或立法之相去甚远，要皆不妨各因其风俗，使捷于知而便于行，未有一举伦常而无之者。

即如君臣一伦，人人知其有，不待言矣。而有所谓民主者，尤为大公至正，彬彬唐、虞揖让之风，视中国秦以后尊君卑臣，以隔绝不通气为握固之愚计，相去奚止霄壤。于族属有姓氏之分，有谱牒之系，长幼卑尊之相次，父子兄弟之相处，未尝不熙熙然。彼惟无人不出于学，深得易子而教之义，故年至成立，艺术已就，其父母分与资财，令其自立，尤合古之士父子异宫之法，其日日问视可知，故非一离不复合，一别不更亲也。且将以小离终保其大合，以有别不至相夷于无亲，是可无中国“室无空虚，妇姑勃溪”之弊。人人不能不求自立之道，通国于以无惰民，不似中国转累父母养之忧之，使父母有“多男多惧”，及“汝曹催我老”之叹也。祖父之产，身后不悉归于子孙，犹然民主之法之推也；是永无兄弟骨肉争产之讼，与夺嫡争继之讼。嗣同所识西人，有英医士某，能孝其母，言及其母，则肫肫然有孺慕之色，三数日一寄书，言琐屑事甚备，下至日所食之蔬果，无不奉告惟谨，又不时电问安否。至其俗左男而右女，自为风气所囿，亦犹中国烧拜香之陋俗，谓止可为母烧之，父则当不起也。夫妇则自君至民，无置妾之例，又皆出于两情相愿，故伉俪笃重，无妒争之患，其子孙亦遂无嫡庶相猜忌之患。朋友则崇尚风义，讲信修睦，通财忘势而相赴难。其学堂书院之规模，一堂师弟，恩谊分明，迥非中国书院之攘诟及近日师弟相待之薄。即与异邦人交，无不竭尽其诚，胡、越而肝胆，永无市井欺诈之习，是尤为中国衰世所绝无。至于取人之国，专尚阴谋狡险，此兵家之道，所谓“兼弱攻昧，取乱侮亡”，因可施而施之，所当自反，岂得怨人哉！

中国之五伦，详于文而略于法。彼不尚文，而其法能使家庭之间不即不离，就令不无流弊，而长短适足相抵，何至如中国前跋后疐，貌合神离，强遏自然之天乐，尽失自主之权利，使古今贤圣君子于父子兄弟之间，动辄有难处之事。尊为天子，德为圣人，徒抱幽恨于无穷，而无术补不周之已缺，毋亦强密其文，而法未有以节宣之欤？

由是论之，夫惟仁，是以相人偶；夫惟义，是以能制事；夫惟礼，是以有《周官》之制，是以有朝聘、宴飨、军宾、婚丧、贺吊、岁时上冢之仪。其不祭，知其无益也。丧服各有等衰，为父母持服一年，余以次递降，其不三年者，文不具耳，天性笃至者，乌知不有终身之戚也。彼之免冠，吾之半跪也；彼之握手，吾之长揖也；彼之画数，吾之顶戴也；彼之宝星，吾之翎枝也。吾笑彼冠服简陋，彼即诘吾之发辫何为者，无以答也。若夫智信，又人人共知共睹，不待言者。子张问十世，孔子告以百世可知。万年之久，万里之遥，各安于所习，不必相远，不必相从，自不必相非也。其不能变者，极之纵天横地，无可变也。果未有一举伦常而无之也，使彼无伦常，则不相爱，不相育，彼吞此噬，攻斗涣散，族类澌灭久矣。尚安能举国一心，孜孜图治，一旦远出中国上，如今日乎？使无伦常而犹有今日，则伦常者初无关于治乱得丧，为可有可无之赘旒，而吾圣人以伦常设教，反虚而多事矣。

彼其教或有不晓者，要亦尊天明鬼以整齐其民耳。中国之佛、老何谓也。乡曲之牛鬼蛇神，一木一石，一藤一井，皆虔而祀之,祷而祈之,又何谓也！诋之者谓在中国有抉目刳心为诸不道,而谁目睹之耶？果尔,何以在本国不闻有是,而天道又何在？此有识所断不信。

尝笑儒生妄意尊圣人,秘其道为中国所独有,外此皆不容窥吾之藩篱,一若圣人之道仅足行于中国者。尊圣人乎？小圣人也。盖圣人之道,莫不顺天之阴骘,率人之自然,初非有意增损于其间,强万物以所本无而涂附之也。则凡同生覆载之中,能别味、辨声、被色,顶上而踵下,抱阴而负阳,以口鼻食息,以手足持行,其形气同,其性情固不容少异。子思子曰:“舟车所至,人力所通”,推之“天之所覆,地之所载,日月所照,霜露所坠,凡有血气者,莫不尊亲”。不必即尊亲,其人自由其道而莫之知也。在人言之,类聚群分,各因其厚薄以为等差,则有中外之辨,所谓分殊也。若自天视之,则固皆其子也,皆具秉彝而全畀之者也,所谓理一也。夫岂天独别予一性,别立一道,与中国悬绝,而能自理其国者哉？而又何以处乎数万里之海外,隔绝不相往来,初未尝互为谋而迭为教,及证以相见,莫不从同,同如所云云也？惟性无不同,即性无不善,故性善之说,最为至精而无可疑。而圣人之道,果为尽性至命,贯澈天人,直可弥纶罔外,放之四海而准。乃论者犹曰:“彼禽兽耳,乌足与计是非、较得失?”呜呼！安所得此大不仁之言而称之也哉！其自小而小圣人也,抑又甚矣。

故中国所以不振者，士大夫徒抱虚忮无当之愤激，而不察夫至极之理也。苟明此理，则彼既同乎我，我又何不可酌取乎彼？酌取乎同乎我者，是不啻自取乎我。由此而法之当变不当变，始可进言之矣。

夫法也者，道之淆赜而蕃变者也。三代儒者，言道必兼言治法，在汉儒犹守之谊，故老、庄与申、韩同传，而《盐铁论》列于儒家。自言道者不依于法，且以法为粗迹，别求所谓精焉者，道无所寓之器，而道非道矣。至于法之与时为变也，所谓"汉、唐无今日之道，今日无他年之道"，道之可有而且无者也。且无则不能终无，可有尤必应亟有。然以语乎今日，又不徒可有而且无，实今无而古不必不有者也。

忆往年共足下谈时事，疾世之薄儒也，嗣同奋起作色曰："奈何诋儒术无用乎？今日所用，特非儒术耳。"足下便叹绝，说是知言。故夫法之当变，非谓变古法，直变去今之以非乱是、以伪乱真之法，蕲渐复于古耳。古法可考者，《六经》尚矣，而其至实之法，要莫详于《周礼》。《周礼》，周公以之致太平而宾服四夷者也。朱子谓："《周官》如一桶水，点滴不漏，盖几经历代圣君贤相创述因革，衷诸至善，而后有此郁郁乎文之治。"嗣同尝叹周公之法而在也，谁敢正目视中国，而蒙此普天之羞辱，至率九州岛含生之类以殉之也哉！盖至是始识周公立法之善，而孔子、孟子皇皇周流,思以匹夫挽救周公之法之将废,终不见用,犹垂空文以教后世,万一有能复之者,所以贻万世以安,不忍于人类日趋消亡,遂有今日之奇祸也。其事至难,其心至苦,斯其计虑亦至深远矣。当时既皆不悟,至秦果尽废周公之法。是周公之法,在秦时已荡然无存,况秦以来二千余年,日朘月削,以迄今日。虽汉、唐之法,尚远不逮,岂复有周公之法一毫哉?

然则今日所用,不但非儒术而已,直积乱二千余年暴秦之弊法,且几于无法,而犹谓不当变者,抑尝深思而审处上下古今一综计之乎?然以积乱二千余年暴秦之弊法,且几于无法,而欲尽取周公之法之几经历代圣君贤相创述因革,衷诸至善,而后有此郁郁乎文之治,为两汉所可复而不复,而使一旦复于积重难返之时,则势亦有万万不能者。井田可复乎?封建可复乎?世禄可复乎?宗法可复乎?一切典章制度、声明文物,又泯然无传,非后世所能凭虚摹拟。此数者,周公藉以立法之质地也。数者不可复,其余无所依附,自阂窒而难施。故曰无其器则无其道。无珩琚而为磬折垂佩之立,人鲜不笑其戚施矣;无筵几而为席地屈足之坐,人鲜不疑其瘫痪矣。

是故后世人主,未尝不慕古之良法美意,鳃鳃然效之。若封禅,若乐舞,若耕藉,若亲蚕,诸如此等,不一而足。效之诚是也,而终于涂饰附会,故事奉行,牛非牛,马非马,泥虚文而无实济。

即儒生则古称先，研覃经术，一若三代大同，得尺寸柄遂可举而措之，及向用矣，亦终不能有如其所自期而踌躇满志之一日。岂皆学之不至，与所从学者之不至哉？“为高必因丘陵，为下必因川泽”，古法废绝，无以为因也。无以为因，则虽周、孔复作，亦必不能用今日之法，邀在昔之效明矣。贯七札者非空拳，伐大木者无徒手，无他，无其器则无其道而已。于此不忍坐视而幡然改图，势不得不酌取西法，以补吾中国古法之亡。正使西法不类于古，犹自远胜积乱二千余年暴秦之弊法，且几于无法。又况西法之博大精深，周密微至，按之《周礼》，往往而合，盖不徒工艺一端，足补《考工》而已。斯非圣人之道，中国亡之，独赖西人以存者耶？

说者谓周衰，畴人子弟相率而西，故西人得窃中国之余绪而精之，反以陵驾中国之上。此犹粗浅之论，未达夫性善之旨，与圣人之道之所以大也。同生于覆载之中，性无不同，即性无不善。彼即无中国之圣人，固不乏才士也。积千百年才士之思与力，其创制显庸，卒能及夫中国之圣人，非性善而能然欤？又见圣人之道，果顺天之阴骘，率人之自然，初非有意增损于其间，强万物以所本无而涂附之，故暗合而悬同欤？就令如说者之言，西法皆原于中国，则中国尤亟宜效法之，以收回吾所固有而复于古矣。见飞蓬而作车，见蜘蛛而结网，一草一虫，圣人犹制器尚象，师之以利用，况穷变通久，如西法之为圣人之道乎？不然，且日贫日弱，长为人役，圣人之道乃终亡矣。故嗣同以为变法图治，正所以不忍尽弃圣人之道，思以卫而存之也。

来语“数十年来士大夫争讲洋务，绝无成效，反驱天下人才，尽入于顽钝贪诈”。嗣同以为足下非惟不识洋务之谓，兼不识何者为讲矣。中国数十年来，何尝有洋务哉？抑岂有一士大夫能讲者？能讲洋务，即又无今日之事。足下所谓洋务：第就所见之轮船已耳，电线已耳，火车已耳，枪炮、水雷及织布、炼铁诸机器已耳。于其法度政令之美备，曾未梦见，固宜足下之云尔。凡此皆洋务之枝叶，非其根本。执枝叶而责根本之成效，何为不绝无哉？况枝叶尚无有能讲者。

试先即枝叶论之，西法入中国，当以枪炮为最先，其次则轮船，皆不为不久矣。枪炮尚不能晓测量，遑论制造！今置一精枪精炮于此，足下以为可仅凭目力而浪击之乎？势必用表用算而后能命中，则试问：左右前后之炮界若何？昂度低度若何？平线若何？抛物线若何？速率若何？热度若何？远近击力若何？寒暑风雨阴晴之视差增减若何？平日自命读书才士，无一人能言者，甚则并其名与制犹不能识。有事则召募愚愿乡农，使用读书才士所不能识之器，不亦大可哀乎？去年日本闻中国购枪械，从而笑之曰：“纵得精者，其如无人解用何！终为我有而已。”后竟如其言。彼之炮兵无不精测算,枪兵亦通晓大略,胜负之数,早辨于此矣。轮船虽内江商轮,曾不能自驭,必聘洋工驾驶,又况海船,又况海军之且战且行。回旋不成三角,何以避碰船?炮机不极灵熟,何以御雷艇?下至风涛沙线,犹须寄耳目于洋工,就令秦、越有同舟之谊,而攻战大事,何能专责一二驾驶之人?平时依违近港,虚作声威,初不意真使出战;迨迫以军法,将士环向而泣,至有宵遁者。其能与履险如夷、少成习惯之悍敌,驰逐于洪波骇浪中,而望其不覆败乎?则凡汽机之灵滞,水火之均剂,速率、马力、涨力、压力之多寡,测天以辨经纬,测地以验远近,更无论矣。嗣同尝往来各省机器局,见所谓总办,非道郎府,问其得道府之由,上之挟万无一用之举业,弋科目而驯致之;否则入赀财而货取之;营荐举而巧攫之。中国辨士论官,固自不出此,何怪于算学制造了不省悟,则以下诸官属之懵然昏然,又不待言。即或一二奇材异能之士杂其中,夫谁知而听之!非无格致书院、武备水师诸学堂矣,而肄业不过百数十人,又不过每月应课,支领奖饩,以图敷衍塞责。非能合天下全力,如治八股之殚精竭智,以治其业,以求御侮之方。兼无一定登进之途,使免于夤缘干禄,而谓此智愚不齐之百数十人,皆可造成人材,有是理乎?材或成矣,又谁知而辨之?于是各局不得已而用西人主其事。西人竭诚忠事与否,已不可信,见我无知无识,安坐束手,以受指挥，而听愚弄，彼亦何为不遂愚弄之乎？故枪炮厂不一，天津、上海、江宁其最久者，至用枪炮之时，无枪炮也。船厂不一，旅顺、福州其最大者，至用船之时，无船也。于是又不得已而购于外洋，外洋知中国素无试验船械之机器，莫辨良楛也，尽以其共弃而已废者，昂值售之中国。其外观犹是也，而铁质之粗疏，炼法之苟简，花线骨节之不中程度，有非机器莫辨者，固不得谛审而争论也。又况如去年危迫时，欲购稍钝之器，皆碍于公法而不可得。智利为局外之国，因乏见钱，竟不愿售。而出使大臣意在分肥，收兑委员从而索费，值愈昂而器愈劣，又累被倭船搜夺，私相授受，急何能择耶！然则中国虚掷此数十年，足下犹称为讲洋务，毋乃过于高视衮衮诸公，为之出其罪乎？儆未流之失，遂谓创始之非，又何异惩羹而吹虀，因噎而废食矣。

且惟数十年士君子徒尚空谈，清流养望，以办洋务为降志辱身，攻击不遗余力。稍知愧耻者，至不敢与办洋务人通往来。于是惟下贱无耻不恤声名之流，始甘心从事。上官明知其非类，窘于无人，不获已而用之。有细崽起为关道者矣，有从马占仕至封圻者矣，人才安得兴？洋务安得有效？足下所谓反驱天下人才尽入于顽钝贪诈。反之一字，适足见洋务本非驱人之具，无真知洋务之人，使顽钝贪诈得诡托于洋务以售其奸，反似洋务有以驱之云尔。此又不得专罪诸公，实士君子引嫌自高，不屑务实之过矣。有其学而不用，犹可曰不用者之罪也；自不肯为有用之学，将谁执其咎哉？某公尝叹曰：“无惑乎合肥之得志也！遍观中外大小臣工，学问非不好，人品非不好，心术亦未必都不好，然问以新旧小大炮数百种，新旧后膛枪数百种，形式若何，运用若何，某宜水，某宜陆，某利攻，某利守，某利山林，某利平地，以及水雷、旱雷、炮台、地营诸攻守之具，进而西人政事法度之美备，更有十百于此者，无能知焉。贤之与不肖一也，少知之惟一合肥，国家不用之而谁用乎？”而昨见王壬秋上合肥书，痛诋洋务，兼及曾、左，兼及香帅。其为合肥画计，则又劝其率铁甲船往攻日本，此诚奇计矣。然无论中国初无人解驭铁甲，即有之，而铁甲独非洋务乎？非测天无以识途，而谓当用中国之土圭乎？非测地无以记里，而谓当用中国之更香乎？不解汽机，何以行船？不熟算术，何以定炮？不习公法，不能悬旗；不通语言，不能答局外之间。凡此数者，非致力久，用心专，则不能得实用，而谓平日不当讲肄，自可取办于临事乎？是铁甲尤诸洋务之荟萃，是中国之名士，未始不知洋务之有用，特己所不知不能，恐一讲洋务，即失其所以为名士之具，不得不忍心出死力以挤之耳。试问诋洋务者，能不衣洋布、用洋物乎？与其仰彼之物以为用，使其日耗吾民之财，何如皆自造之、自用之，兼造彼所需用者抵御之，以留养民命、纾民力之脂膏耶？即如洋钱一宗，通行东南各省，西人获利无算，中国何以不早仿造？始以为资本太重耳，湖北建银元局，购置机器才数万金，是亦何难？乃至今始有广东、湖北二局。铜钱则竟坐视西人之销镕，而不为之所。

中国举事著著落后，寖并落后之著而无之，是以陵迟至有今日。而所谓士者，方更坚持旧说，负固不服，不问此时为何时，所当为为何事。溺于考据词章……而怙以矜夸。初不辨为某洲某国……动辄夜郎自大，欲恃其一时之议论为经济，意气为志节，尽驱彼于海外以闭关绝市，竟若经数十年贤士大夫焦思极虑无以处之者，彼一横蛮即旦夕可定。见有识者讨论实学，力挽危局，又恶其形已虚而乘已短也，从而媢之、疾之、詈之以异端，訾之以邪说。然则便当拱手瞠目以待诛戮耶？愚尝谓中国有亡国之士者此也。

又不惟士，有亡国之民焉。各省之毁教堂，打洋人，湖南之阻矿务，阻电线。以天子之尊，不能举一事。官湖南者动色相戒，噤口不敢谈洋务。加以周汉之稗士乱民煽惑之，快私志于一逞，而阴贻君父以危辱，犹施施然不知天高地厚，方自认忠义，骄语于人曰："吾能辟邪说、攻异端矣。"顷四川教案，牵涉多国，大不易了。保护教堂之严旨，急如星火。驯至寓湖北之洋人，每日游洪山，令由督抚衙门派兵伺候，岂复成世界！西人犹谓中国之官曾不能自约束中国之民，要此官何用？……而中国之人尝一致思否乎?

穷其所以至于如此之故,即又不得不专罪诸公,处无法而当变法之时,不能出铁肩,下辣手,如张江陵毁天下书院,如国初剃发之令,以力遏此曹稗士乱民,反曲循之使不变,使士民无所适从。欲不讲洋务,而接于聪明,接于精神,接于日用饮食,何莫非洋务?既不能高飞远走,不在人间,斯决去之而势有不能。平时所考,不过八股、试律、大卷、白折,及使之也,迥异其所考,不问其习不习,一于求全责备,事事皆使为之,卒至一事不能为。欲讲洋务,而国家初无是法,乏师承以致其精,又望焉而畏其烦苦,恐徒分治举业之日力,又不能与科目、赀财、荐举者争进取。目营四海,茫无系属,遂忍而付诸不论不议。无铁路及游历之费以扩充其见闻,乃真以为可不讲洋务,而讲之即非圣人之道。似是而非,习非成是;一唱百和,同然一词。虽家置一喙,亦将深闭固拒而不信。

日本、暹罗之变法也,先变衣冠,所以神其鼓舞之妙用,而昭其大信。一新士民观听,俾晓然共喻于法之决于一变,渐摩濡染,久久自将合为同心同德,以舍旧而新是图,进变他法。始自易于听从,乐于效用,民志于以定,谤议于以平也。日本遂以勃兴,暹罗亦不失为宇内第三等国。其不变者,则皆不祀,忽诸斩焉灭矣。故夫变衣冠,亦洋务根本之一端焉。或者以五十步笑

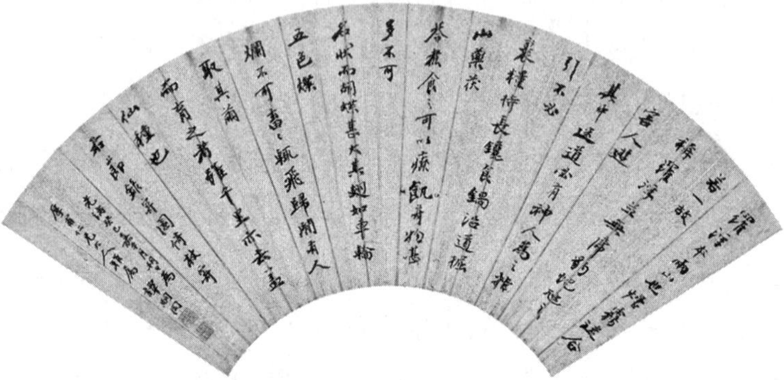

谭嗣同书法扇面

百步而不愿变，亦可不强之，而其它当变者，固无一可缓也。夫言不当变法，亦幸生此取士用人无据之时，得匿其无所能，而冀幸于糊名之取士，资格之用人，以便身图耳。西人鄙中国之士志趣卑陋，止思作状元宰相，绝不自谋一实在本领以济世安民。吁，异哉！此言乃出自西人之口，吾中国之取士用人何如耶？

足下昔慨资格糊名之失，犹以为彼善于此，为公道之仅存。斯其愤时嫉俗之深心，非不知圣人之道之无存，惟恃此希疏将裂之法，聊为遮禁，而独不思变计何耶？变而乡举里选，谬采虚声，则得人爵，弃天爵，党同伐异，弊愈益滋，更出资格糊名之下。是古法果不可行于今，果不能不变为西法取士用人之依于实事。苟依于实事，即乡举里选又未尝终不可行，故以为变法即变而复于圣人之道，此物此志也。向令早数十年变科举如西法之依于实事，舍此更无出身之阶，彼便身图者，复何所容其冀幸，而不回心易虑以治西学？讫乎今日，民志久定，谤议久平，人才久布列在位，中国久复乎圣人之道，而首出乎万国。父以是诏，兄以是勉，我辈亦必精其业于公法条约，使务、界务、商务、农务、税务、矿务、天文、舆地、测绘、航海、兵、刑、医、牧、方言、算数、制器、格致之中，各占一门，各擅一艺，以共奋于功名之正路。何至如今日一无所长而流为废物；又何劳腾其口说至有此等辩论？令彼时有强我辈复为八股者，有不笑之骂之，如今之笑骂洋务者乎？

又令我辈不生中国而生于英、俄、法、德、美、日诸邦，见中国所谓八股，及我辈此等辩论，有不旁观而目笑者乎？然则诸公与士民，皆有不得归罪者，不早变科举故也。

今之原祸始者，必以合肥为丛矢之的。夫日暮途穷，百政废弛，诚足恶矣。然二十年前，有绝大之名奏议，为中国生死存亡之所系，则为请以科举变西学一疏。既格不行，何从得群策群力以自辅？何从使君子自别于小人，而化四百兆无用之废物为有用？更何从有安内攘外建威销萌之一日？合肥聪明人，岂见不到此？故规模虽极宏远，布置虽极周匝，一有边警，即始终主和，亦灼见科举不变，材艺不奋，万无可战之理。此其洞睹几先，力维大局，非后生浅识所能窥观者矣。责人斯无难。我辈匡居逸豫，超然事表，但觉彼之失机后时。而当局者步步荆棘，居高地而不能行其志愿，事变万端，交秉迭赴，实有至难者。独怪其变科举之言既不用，何不以去就争之？争之不得，即奉身而退，不人已两全矣乎！俟至伊藤博文十年变法之诘，张目而不能对。嗟乎！贪位恋权之足以丧身如此，徒枉其才而已。故夫变科举，诚为旋乾斡坤转移风会之大权，而根本之尤要者也。

或难曰："不先正天下之人心，变犹不变也。"曰：是固根本之根本，而亦第正在上位之人之心可矣。有《雎》《麟》之意，而后可行官礼之法，亦就在上位者言之，何便溥罪天下之人心乎？必谓天下人心皆不正，又何其过尊西人而自诬之甚也。西国之治平，岂皆人心正于中国乎？彼独操何术以致此，然则彼性善而我性恶乎？亦彼之法良意美，我无法而已。法良则中人以下犹可自勉，无法即中人以上难于孤存。法良则操、莽无从觊觎，无法即尧、舜终于犹病。且即欲正天下之人心，又岂空言能正之乎？极知今日之祸乱有为人心所召，彼甘心误国者，所谓不待教而诛，虽圣人不能正此已死之人心，然有后来未死之人心焉。无法又从何处正起，则亦寓于变法之中已耳。衣食足，然后礼让兴：圣人言教，必在富之之后。孟子谓："救死而恐不赡，奚暇治礼义？"言民道，则以耕桑树畜为先，无所器则无其道。圣人言道，未有不依于器者。岂能遍执四百兆颠连无告之民，一一责以空言，强令正心乎？所谓垂空文以教后世，亦望后主人能举其法以行其教，而空者不空耳。若但空文而已足，则前人之垂亦既伙矣。今之于教何如哉？孔子作《春秋》而乱臣贼子惧，孔子之世，不乏乱臣贼子矣；后孔子之世，不乏乱臣贼子矣。孟子距杨、墨，而异端不绝于后世；韩昌黎辟佛、老，宋儒又辟佛、老，卒与昌黎、宋儒并存。无他，孔、孟、昌、黎、宋儒不幸不得位行权，以施其正人心之法，徒恃口诛笔伐，以为千里金堤而不忧横决，固不免为奸雄所窃笑。然则不变法，虽圣人不能行其教以正人心。此变学校尤为正人心之始基，根本之根本矣。学校何以变，亦犹科举依于实事而已。

夫人心既不可抉取以考察正否，故非借证于实事，尤无从以得其心。中国之经史性理，诵习如故，尊崇如故，抑坐定为人人应有而进观其它，不当别翘为一科而外视之也。即考据词章八股试律，亦听其自为主，不以入课程，不以差高下，皆取文理明通而已，以其可伪为也。余不可伪为，自必皆实事。皆实事，则科举之取士也有据，而乡举里选亦无计以遂其私。善夫西法学校科举之合为一也，有择官选士之意焉。有初学院、中学院、上学院，学者依次递升，其材者升于大书院，犹成均也。各守专门之学以待录用，学弗精进，或他过失，依次降之，犹郊遂也。其投考也，即由各专门院长考之，不拘人数，求考即考，一二人可也，百十人可也。不拘时日，随到随考，今日可也，明日可也。所考又皆实事，皆可实验。如考算学即面令运算，船学面令驾船，律学面令决狱，医学面令治病，汽机学面令制造，天文、测量面令运用仪器。众目昭彰，毫无假借。中式即面予证书，差其等第，以为名称，如中国举人、进士之类，其有殊尤，立即报明擢拔。考政学文学者官内部，考算学理财者官户部，考兵学者官海军陆军部，考法律者官刑部，考机器者掌机局，考测绘者掌舆图，考轮船者航江海，考矿学者司煤铁，考公法者充使臣，考农桑者列农部，考医学者入医院，考商务者为商官。余或掌教，或俟录用，或再考。

每国大小公私书院学塾多至十数万区,少亦数万。学某学即读某门专书,而各门又无不兼有舆地之学。又有兵学校,凡兵均令读书。又有瞽学校,制凸字书令扪而读之。凡子女生八岁不读书,罪其父母。又有五家连坐之法,一家不读书,五家皆坐罪。故百工商贾农夫走卒,无不读书。又有女学校,故妇女无不读书。由是小儿得于母教,方七八岁时,即知地为球体,月为地之行星,地为日之行星,地自转而成昼夜,地绕日而有寒暑,地凡几洲,凡几国,某国与我亲,某国与我仇,及其广狭强弱,均已晓其大概至于品行心术,固无法以考验,实即寓于诸学之中。坐定为人人应有,而进观其它。苟其不端,亦决无能善其事而不败露者,况有警察官吏举刺之,有上下议院评论之,又有浓赏厚罚驱其后,复何忧不得人哉?中国之考八股,于品行心术即又何涉!岂惟八股经史性理考据词章凡可伪为者,其无涉犹八股也。顾亭林悼八股之祸,谓不减于秦之坑儒。愚谓凡不依于实事,即不得为儒术,即为坑儒之坑。惟变学校变科举,因之以变官制,下以实献,上以实求,使贤才登庸而在位之人心以正。且由此进变养民卫民教民一切根本之法,而天下之人心亦以正。根本既立,枝叶乃得附之。夫何忧顽钝贪诈,夫何忧洋务之无效?

或又难曰:"天下大局,已溃裂至此,所谓利权兵权制造之权,骎骎乎及于用人行政之权,一以授之敌,欲毁约又已无及,虽变法庸有济乎?”曰:是难言也。吾独惜夫前此数十年宽闲之岁月,不计此,不为此。见日本之变法而兴,可谓虽无老成人,尚有典型矣。犹不思效法,反议之诋之笑之咒之。初通商之不变,尚曰不识中外情形也;庚申可变矣,庚辰可变矣,乙酉可变矣,而决不变。迄乎今日,奄奄一息,自救不遑,顾不度德,不量力,张脉偾兴,忽起而与能变法之日本战。如泰山压鸡子,如腐肉齿利剑,岂有一幸乎?初闻湘军之见敌即溃也,心虽哀之,未尝不窃喜吾湘人之骄从此可少戢矣。既而其骄如故,“躬自厚而薄责于人”,吾何暇计外洋之欺凌我、虔刘我哉?责己而已矣。《春秋》之法,责贤者备,彼甘心误国之臣,既非贤者,责又将别有所在,则事之不可为,夫亦亡国之士与民为之也。何则?今日误国之臣,即前日之士民;今日之士民不变,他日又将误国矣。虽然,吾所云变学校,变科举,凡以为士与民,化其桀骜,而登庸其贤才也。贤才登庸,正如西人所称联合力,岂有不可为之时势哉?

试为今之时势筹之。已割之地,不必论矣。能有为者,固不在大,此其浅祸也。赔兵费二万万两,又议增三千万两,其祸较深。括尽中国之民财及于妇女之环珥,恐犹不足取办。不足取办,则威海之倭兵永不得撤,五十万之岁饷永不得停,子金又日孳而日重,势不得不假贷于西人。西人更因而盘剥之,重息也,质地也,抵押海关也,皆所不免,而吾益不足取办。子金之日孳日重，负西人无益于负日本，积累既久，虽割地割海关犹不能偿。统筹全局者，所以必首先从事于此。若无内国债可举，而择祸莫如轻。莫如俗谚，是犹有办法者也。至于遍地通商，免税免厘，兴创机局，制造土货，其祸之烈，直无办法！……与天下更始，发愤为雄且无中外之见，何有满、汉之分？则凡一官两缺，凡专称旗缺，一律裁止；则凡宗禄驻防，凡旗丁名粮，一律裁止。广兴学校，无一乡一村不有学校，而群才奋。大开议院，有一官邑即有议院，而民气通。慎科举，无一定之额数，无常限之日期，程其艺事，端其趋向，繁其汇目，精其较量，而一人不求其备。改官制，无内外之重轻，无文武之区别，专其职业，少其层累，迁其勋阶，增其禄糈，而终身不易其官。选士人治里间，以复乡官之旧；练乡兵隶守令，以代力役之征。凡府史皆用律学之士人，既有升转之望，而书吏之盘踞空。凡胥徒即用在役之乡兵，既有践更之期，而差班之蠹贼去。讥阙失有警察之官，禁暴修间之遗制也；正粮土有测绘之官，封人、均人之职掌也。分海军、陆军为二部，将则必出于武学堂。创办之始，募西贡、新加坡、新旧金山之华民以练海军。无事则令运载货物，出洋贸易，既可挽救商务，又得熟习航海。陆军则守兵仿寓农而隶守令，战兵募选锋而立将帅，枪兵可尚勇力，炮兵兼通算学，工兵则备筑垒浚濠炮堤地营修造器具诸工作。其练之也，守兵令站炮台，较准头，布阵势，习

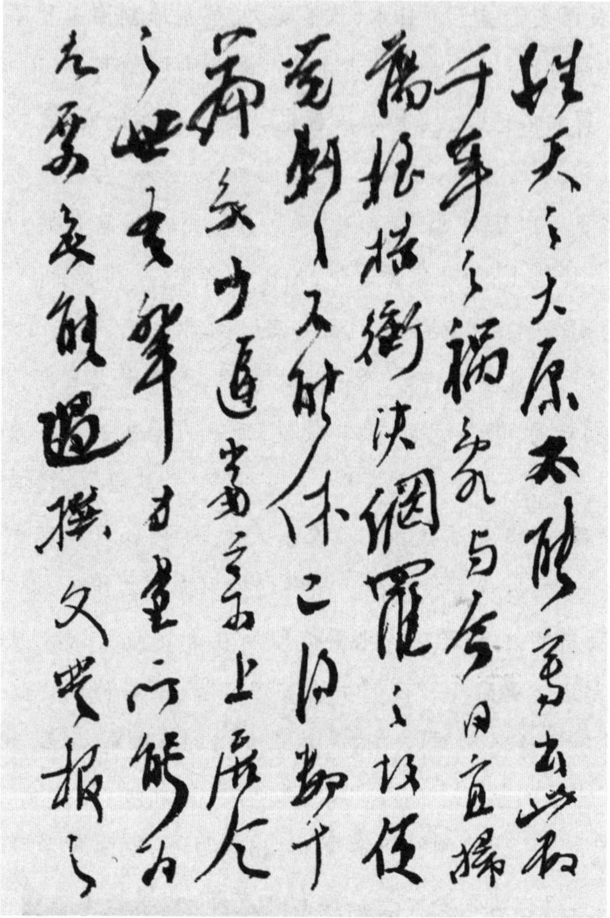

谭嗣同致汪康年书

步伐。战兵于数者之外,益以征调代操练。今日往某处,已而易一处,已而又易一处,日日如临大敌。彼出此归,不使游惰。尽开中国所有之矿,以裕富强之源。兼以兵法部勒矿夫,有事则处处皆兵。多修铁路,多造浅水轮船。以速征调,以便转饷,以隆商务,以兴矿产,以广游历,以通漕运,以宏赈济。商务则设商部,集商会,立商总,开公司,招民股,兴保险,建官银行,而必学商务者为之官。精求工艺制造,如磁器丝茶之属,与中外所共需者。下至烂布可造纸,莱菔可熬糖,骆驼牛羊鸡鸭之毳可为毡为褐。工与商通力合作,以收回利权。改订刑律,使中西合一,简而易晓,因以扫除繁冗之簿书。清理庶狱,分别轻系重系,使操作如白粲鬼薪之罚。岁始豫算,岁终决算,丝毫皆用之于民,而不私于府库,以明会计之无欺。出口免税,入口重税,涓滴皆操之自我,而不授于外洋,以杜漏卮之有渐。食盐与诸土货,则一征于出产之地,而不问所之。税坐贾而不税行商,以归简易而塞弊窦。尤须研覃税务之学,缕晰中外税则,查验章程,始可夺回税务司包办海关之权。讲求植物学,以裨农政,以丰材木。讲求动物学,以蕃马政,以溥畜牧。兴女学以课妇职,兴废疾学以无坐食。蚕织用机器,可去蚕瘟,而成功多以速。耕不必用机器,而引水用机器,可省筒车之费与手车脚车之劳。续电线,创邮便局以理邮政。汲自来水、然电气煤气灯以利民用。街道修,则疠疫之源塞;医院多,则医治之术工。造公共之花园,以为养生却病之方。七日一休沐,以合文武弛张之政。博通各国语言文字,以翻译西书西报,以周知四国之为,以造就使才;而四出游历;以长见识,以充学问,以觇人国之得失兴衰。各国之长并取之,各国之弊立去之。各国之船械无一不能造;各国之器用无一不愈精。谨权量,审法度,一道德,同风俗,法立而教自存焉矣。

而中国有屡去而不能去之弊二,不能不变而去之,曰漕务,曰河务。八省漕米,岁数百万石,由河运则费银四十两而致一石;从改海运,费仍十七八两,而河运亦不废。嗣同不解所谓,叹为可已不已,尝共足下言之。足下谓惟正之供何当废绝,嗣同亦无以决。后见李次青布政条奏,果谓《禹贡》铚秸粟米不出五百里外,《周礼》九贡九赋亦专指王畿而言。汉高帝转关东粟以给中都,不过数十万石,唐初漕运不过二十万石。宋都汴,去江、淮不远,劳费尚轻。元行海运,初止四万石。迨明成祖得国不正,挟众北迁,虑南人不喜食麦,乃槽南米以赡北都,开运河数千里,引黄河以济运,劳民伤财,几竭天下之全力。然则今之漕务,特始于明成祖之枉道干誉,遂相沿不改。仓廪陈红,不知何用。宜将河运、海运均罢去,酌量都城每岁用米之数,另由铁路随时转运,赊以贮各府州县,或由铁路运往各缺米之地。且有铁路,则民间之销售易,征收可尽改折色,俟缺米时,然后采买,尤为简便。古人耕九余三与谨盖藏诸法，皆为人少又无铁路之时言之。今者生齿日繁，数十倍于古，所食之谷，自不甚有余。即有余，亦自知盖藏。岂虑货弃于地者，惟苦无铁路以流通耳。有铁路，则不在此郎在彼，因其虚而趋填之，断无天下皆荒之理。即可有天下相通之事，初不必恃有余之留与盖藏之谨。凡官仓、社仓之繁难悉可省矣。往年山西、河南旱灾连岁，赤地方数千里，富室拥重金转死沟壑，有司疾视莫可奈何，正坐运道艰远耳。使有铁路，何至穷窘若此？

治河古无良策，殷商五迁，半因河决。然则言齐桓湮九河，中国始有河患者虚也。西人治河，亦止筑堤一法，但善审形势，又多筑相距数里之遥堤，至三四重。两堤之间筑横堤，使两堤相属，中成方罫。平时皆可栽种，偶溃一处，水仍束于一方罫中，进溃一处，又束于一方中，不至浩荡横流，使人无从施工，无地取土。嗣同因悟井田之法，亦必四面有堤，中如方，始成一井。堤上可行，所谓径也畛也。井愈多则堤愈高愈厚，所谓涂也道也路也。而畎遂沟浍洫者，即各依于本堤。盖堤四旁八连，皆有口门，可以宣泄由己，水大堤圮，亦止一井被淹，余可无害。故八蜡中有防，可知堤者，井井皆有，为农家最切要之事。不然，一有水灾，沟洫畎浍，反足导水入灌。后儒遂以井田为不解之积疑，至战国时，毁井田为阡陌，殆恶堤之占地，因锄而去之，疆界乱而水患亦剧矣。今西人殆以井田之法治河，所亟宜效法者也。而治水之要，则日不与水争地。湖湘垸圩，日筑日多，故洞庭、江、汉之泛溢年甚一年。曾奉严旨禁革，卒不能止。亦由人满土稀，无可垦辟之地。昔行陕、甘道中，见山东、河南被水灾，黎民挈妻子负农器而西迈，流离饥困，心窃哀之。停车慰问，云："将迁耕旷土。"问素愿乎？曰："苦资斧不足自达耳。故乡一片汪洋，岂复堪恋？"于时陕、甘大吏颇有周之者。胡不遂迁濒河濒江湖常被水之民于彼，使水得所容受，以杀堵激之怒耶？然此非铁路无以致之。故铁路之有益农务，尤在无形，诚根本之一端矣。

中国又有屡兴而不能兴之利二，不能不变而兴之，曰铸钱，曰钞票。金银铜三品，皆所应铸，而铜钱至今日尤坏极矣。重则私销，轻则盗铸，抑亦古今之通弊。惟有就出铜各矿，用机器铸极纯之铜，极精之花幕，而又少轻之钱，则私销无利，而盗铸不能。然钱中有孔，即不啻多出一边，尤宜力求细致机器。造物圆体易工，方形难好。故广东机铸之铜钱，方孔中不甚光净，无以杜刮取铜屑之弊。当改造圆孔，而孔内边外，皆作极细之平行纵线，略如银元之式。至妙之法，又莫如无孔铜钱。无孔积至千，不便提携，势不能不用银元。银元又无孔，势不能不用钞票。故西国钱皆无孔，亦其畅行钞票之微权矣。钞法又银钱兼权者也。国家不行钞，致令票号钱铺坐盗御世之大柄，而持轻重于其间，事之倒置，无逾此者。钱铺更易倒闭，甚至故设骗局，穷民受害无涯。然而犹通钱铺之票者，当世钱实不多，乡间尤窘，不得不赖此几张纸以为转输耳。言者辄引咸丰朝钞事为戒，不知特行之未久，又未免失信，所以难行。若许民纳赋完税皆可用钞，又订造外国精纸精板，自以中国之印印之，令票号钱铺即领用官钞，而严禁其出私票，随设官银行，视国家入银若干，始出钞若干，止求便民，毫无营利之心，原非持空纸以诓民，亦岂有不能行者？况官银行为商务先著，银行既设，商民存款交易必以票为据。是钞票不待行，自不能不行也。从前陕、甘粮台有汇兑之票，可汇银往应解陕、甘协饷之各省，毫不需费。票至，各省由藩库发兑，以代运饷，立意极为灵巧。湖北善后局有台票，准其上缴厘金及诸解款，皆未尝不畅行，且甚便也。钞票于行军，尤有三利：一便于转运，二士卒轻于赍带，三不幸战没，所亡失止空纸而已。日本兵饷半银半币，故亡失甚少，此又亟宜效法者也。

凡利必兴，凡害必除，如此十年，少可自立，不须保护，人自不敢轻视矣。每逢换约之年，渐改订约章中之大有损者，援万国公法，止许海口及边口通商，不得阑入腹地。今无论东西大小各国皆如此，独中国任人入腹地耳。如不见许，即我通商于彼国之轮船亦当阑入彼之腹地，此出洋贸易之船所以万不可少。所谓"即以其人之道，还治其人之身"也。援各国之例，加重洋货进口之税。如不见许，即我往彼国之进口税，亦当视他国而独轻矣。去年湖北筹饷，加抽洋油厘金，止加于中国商民，于西人无与，而西人谓有碍其销路，竟不准行，此正苦于无以相报也。但使一国能改约，余皆可议改，如此又十年，始可由富而强，始可名之曰国。治定功成，礼乐可徐兴矣。夫不入虎穴，焉得虎子？不下十成死工夫，焉能办成一事？平日务当胸中雪亮，眼捷手快，穷理尽性，大公无私，权衡数千年上之沿革损益，与数千年下之利弊究竟，调剂五大洲政教之盈虚消长，而因应以为变通，使人存政举，利权尽操之自我。以中国地宝之富，人民之众多而聪慧，必将为五大洲三十余国之冠。外洋皆将仰我鼻息以为生活，更何至有战事！故今日言治，实有易于前人者。因格致诸理，早经西人发明，吾第取而用之。彼于医学，尤不恤脔割其肢骸，以订中国医书之误。其它大经大法，皆由屡试屡效，考验而得。吾不难亲炙西人，目察其利病以法之也。

足下昔言"外洋煤铁向罄，中国之矿未开，他日中国挟煤铁二宗即足制外洋之死命"。是诚然矣。然中国必先自开其矿，以图富强，始能制人。不然，人将夺我之矿以制我矣。西人亦有言：中国譬则富室，千仓万箱，蓄积至厚。即湖南一省之矿，足抵外洋各国而有余。无如四邻环居，皆穷饿乞丐，耽耽垂涎，即欲缄縢固箧，终闭不出，而势恐有所不能。危切之言，不啻箴规我矣。凡事不惮其难,不忧其繁,但当先寻一下手处,虽承群小人扰乱极弊之后,不难掉臂游行,密筹追补之策,以期异日可行。今之矿务、商务,已成中西不两立不并存之势,故西书《物类宗衍》中有“争自存宜遗种”之说,谓万物必争,而后仅得自存以绵延其种类也。以矿务、商务力与之争,即今之下手处,而所以能有此下手处者,岂他故哉?前所言贤才登庸之力,而固无望于今之执政者也。况散勇饿民,行将四起大乱,即在眼前,更何暇及此?然失今则更不可为,又将奈何?曰:前所言者王道也,无已,则有霸道焉。河西、吴越以保民为心。旁求俊乂,精研格致制造,诸学猝起,典外洋力战,以争一旦夕之命,其胜也或可蒙数十年之安。然而无可必也。凡霸道必不如王道之可大可久,皆此类也。此而又不可得,则惟有自变其学术而已矣。

学术可变乎?亦曰复古而已矣。唐、虞之际,任农者稷,任工者倕,任水土者禹,任山林者益,任教者契,任刑者皋陶,任礼乐者伯夷、夔,任历算者羲和,皆深明其学。故多世其官职,而群圣之相与咨谋,又不离乎兵刑六府鲜食艰食懋迁有无化居之实事。有薄一名一物之不足为,而别求所谓道者乎?

三代学者,亦皆有所专习,切近而平实。自秦变去古法,学术亦与之俱变,渐无复所谓实学,而今则滋甚。即如算学为中国最实之学,中国往往以虚妄乱之,故谈算者必推本《河图》《洛

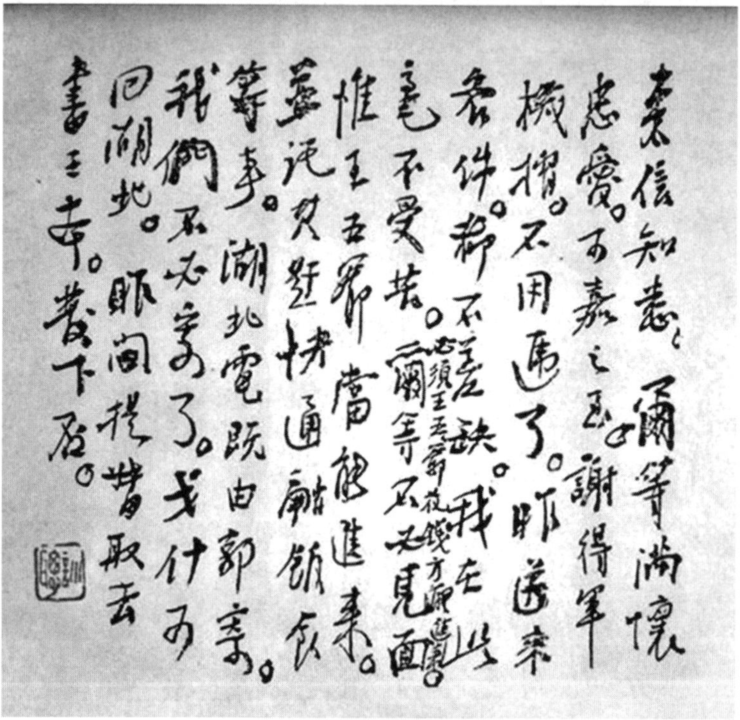

来信知悉悉。尔等满怀忠爱，可嘉之至。谢得军机摺，不用递了。昨送来各件，都不差缺。我在此毫不受苦。尔等不必见面，必须王五爷花钱方能进署。惟王五爷当能进来，屡托其设法通融饭食等事。湖北电既由郭家，我们不必管了。戈什哈回湖北。眼间楼背取去书三本。发下启。

谭嗣同狱中手札

书》，为加减乘除之所出。不知任举二数，皆可加可减可乘可除，何必《河》《洛》？夫《河》《洛》诚不解是何物，要与《太极图》、《先天图》、谶纬、五行、爻辰、卦气、纳甲、纳音、风角、壬遁、堪舆、星命、卜相、占验诸神怪之属，同为虚妄而已矣。必如西人将种种虚妄一扫而空，方能臻于精实。算家又言黄钟为万事之根本，此大可笑。黄钟一律筒而已，何能根本万事？即以造度量权衡而论，十二律吕，谁不可借为度量权衡，何必黄钟？况累黍之法，实迂谬不可行，何能取准？是以从古至今，九州岛十八省，无一齐而不差之度量权衡，则亦创法者未尽善，虽虞舜不能强同之矣。夫谨权量为王政之大者，奈何不求一定率而听奸民相欺饰乎？惟法人分地面之天度为四千万分，以其一为度，度定则算立方容积以为量，即以其重为权衡，而权立方之轻重，又可还正乎度，一有差数，夫人可运算得之。中国之度，至分数止矣。彼有佛逆及分厘尺，每分可剖为千百。中国之权衡，至分数止矣。彼有化学天平，每分有剖为千百。以故通都大邑，僻壤穷乡，出而相较，无不吻合。中国测量家多用西尺，沿海民间交易尤习用西人之度量权衡。非好新奇，实彼有准而我无准也。天地之机缄，一发不可遏，将尽泄其灵奇，以牖民于聪明之域，其间自有不期变而自变者，此类是也。算术古有九章之说，割立方田粟布商功均输诸名目，实非本乎自然。疑《周礼》保氏之九数，初不如此。

其说失传，汉儒乃割裂算数以补之。在先郑时已多出夕桀重差诸法，明不止九。至宋秦九韶知九章不足信，别立九章名目，所分乃益无理，是不若西人点线面体之说，足以包举一切。惟此则凡中国所称五谷、六谷、九谷、百谷、三江、九江、五湖、九河，要不过随举一数以为名，如九夷、八蛮之类，原可不必拘泥。经生家琐琐分辨，卒不能折衷一是，亦止觉玩时愒日而不切事理矣。格致之理，杂见周、秦诸子，乍聆之似甚奇，其实至平至实，人人能知能行，且已知已行，习焉不察，日用之不觉耳。而迂儒睹诸凡机器不辨美恶，一诋以奇技淫巧。及见其果有实用也，则又仗义执言，别为一说曰“与民争利”。当西人之创为机器，亦有持是说阻之者。久之货财阗溢，上下俱便，不惟本国废弃之物化为神奇，民间日见富饶；并邻国之金钱亦皆输辇四至。各国大恐，争造机器以相胜，仅得自保，彼此无所取赢，乃相率通商于中国，以中国无机器也。中国若广造机器，始足保利于民，而谓争民之利何耶？轮船似争船户之利矣，然任外国轮船往来江海，以刮取民财，吾不自造轮船夺回一二可乎？又如招商局有民间之股分，各轮船所用民人以千计，各码头之商务繁盛，其利非仍归于民乎？铁路似争车夫之利矣，然应用之人当百倍于车夫，铁路所不到之处仍须车运，是车夫之利且将日盛，而民间笨重不能运之顽铁怪石，遗秉滞穗，至此皆可易钱，其利民尤不胜计。汉阳铁政局似争铁匠之利矣，然所造皆铁匠所不能造之物，所雇工役又皆即铁匠，余杂役及煤铁各矿山所用人以千以万计。财既散于民间，亦以分外洋铁器之利。武昌机器缫丝局似争蚕妇之利矣，然自此育蚕者将日多，且雇用女工以千计，使武昌不产丝之地忽增此厚利，而所缫之丝又以售于外洋，争有大于此者乎？凡地方一设机器局，肩挑负贩必数倍于平日，此亦利之浅而易见者也。

西国兵法，有气球飞船，机器中之最脆薄者。然最足以乱敌耳目而夺其气。往年镇南关缘此失事，今年彭湖又因以不守。中国宜如何讲求仿造及应付之道，偶与人言之，辄以“奇技淫巧”四字一笔抹煞。中国之士尚得谓之晓世事乎？舆图者为政之纲领，尤行军之首务，中西所同然也。然中国从古至今，无一详而确之图。经史大儒，恒自命舆地专门，于亚细亚洲沿革形胜，尚纷争不已，无从折衷，况此外岂复知为何地？西人分舆地为文、质、政三家。文家言地与日月诸行星之关系，各球体之大小轻重，各本质之松紧分数，寒暑昼夜潮汐之所以然，及测日星所躔高弧，定经纬道里而著之于图。质家辨土石之新旧层，各种礓石五金凝结之故，得太古以前冰山火山沧海桑田之形势，动物植物之同异，及矿苗之类别。政家纪风土礼俗及治忽之理，攻守之宜。故西学子目虽繁，而要皆从舆地入门。不明文家之理，即不能通天算、历法、气学、电学、水学，火学、光学、声学、航海绘图、动重、静重诸学；不明质家之理，即不能通化学、矿学、形学、金石学、动植物诸学；不明政家之理，即不能通政学、史学、文学、兵学、法律学、商学、农学、使务、界务、税务、制造诸学。去年前敌虏获倭兵，其身皆有地图。攻某处即绘有某处之图。山泽险要，桥梁道路，无一不备。下至山之斜度，川之广狭，某容骑兵，某通单步，皆有比例可寻。每逢抄袭埋伏，要约期会，虽一走卒，能按圆心领其意，不致歧误。西国史书记一大事，即有一当时之地图附之而行。凡游历士人，到一处即绘一图。然西人犹自以为未臻其极，各国皆特结舆地会，邀集千百辈，潜心考究，精益求精，永无止息。中国虽大将出师，不过恃向导之口述，初不解测绘为何事也。兵法者，亦儒家之大用，而今所谓纯儒反讳言之。夫平居不讲习，临急又安得有一将才？西人既重韬略，尤喜观战。如我与日本之战，其胜负之由为我所不自知者，皆详图其地，并附说以论断得失，回国印板售卖，使人人知兵，即人人可兵。人人可有枪械，兼许自造。故一呼即成劲旅，所谓"百足之虫，死而不僵"也。中国则惟恐民之知兵，军兴以来，奏报条陈及两军之情，皆秘不示人。虽督抚大臣亦不令知，而外洋则无不知也。民间售藏枪械谓之犯法。明知弓矢无用，而考武终不改用火枪，盖防民熟其器而为乱，如汉时挟弓弩之禁也。卒之乱民未尝无火枪，又徒束缚良懦而已。一旦有事，或外患，或内忧，其不使蚩蚩之讴骈首被戮者几何矣！况国家将召使为兵，何能期其得力？然则为握固之术以愚黔首，适自患以自困耳。尤不可解者，日存猜忌之心，百端以制其民，民之不甘受制者自托于外国，即莫敢孰何。犹一家兄弟相攻，不遗余力，一遇外侮，反腼然乐受，且召之焉。独何故哉？

商务者，儒生不屑以为意，防士而兼商，有背谋道不谋食之明训也。然此不惟中国防之，西人亦何独不然？官自官，士自士，商自商，仕宦而货殖者有常刑。富商虽挟敌国之赀，不少假以名位。其称商学商部，特研究商务之赢绌，而时消息，以匡救之，非以其身逐什一也。中国惮讲商务，遂并商务与国存亡之故而亦弃置勿复道。修铁路则曰无费，然粤商某竟出赀为美国包办铁路矣。造轮船则曰无费，然闽、浙巨商往往购大轮船挂外国旗，自号洋商矣。渊鱼丛爵，楚材晋用，此固在上者驱迫使然，彼为士者独不可悟商务力量之大乎？惟此凡言农务、蚕务、牧务、渔务，皆非谓身为之，但当精察其理，以为民导耳。图表者尤所以总群学之目而会其归，为经济者所恃以程核而筹策者也。试问中国为此学者谁乎？西人表学译名统计，谓源出《禹贡》及九鼎之所图象。考西学近墨，而墨子法禹，则言必有据。故于政之至纤至悉，莫不列表，户口登耗，百官进退，外国兴衰，及交涉事件，矿苗衰旺，出产增减，年谷丰歉，百物价值，用度奢俭，岁人多寡,兵额损益,船械精粗,工艺良楛,各种学术高下,医院治病得失,庶狱人数及罪名,皆分等级,为年月比较表,或变为方圆等图。既可省案牍之烦苦,尤能一目了然,视通国之事如数掌纹,故常以简御繁,操之有要。太史公曰:"吾观周谱,旁行斜上。"盖即中国治经作史之法。至于新闻报纸,最足增人见识,而藉知外事。林文忠督粤时,广翻西国新闻纸,故能洞悉其情而应其变。今日切要之图无过此者。况乡间无所闻见,尤须藉此为耳目。中国之大病,莫过于不好游历,又并此无之,终身聋盲矣。凡此诸端,有一非学者所当为者乎?抑有一非古法乎?而谓别有圣人之道,此不足容于圣人者过矣。

黄舍人言昔在上海,有西人到其斋头,见书籍堆案,佯为不识而问曰:"此何物也。"曰:"书也。"又问有何用处,不能答。乃徐曰:"此在我西国自皆有用处,汝中国何必要此。"哀哉!此言亦所谓无其器则无其道也。不力治今之器,徒虚谈古之道,终何益焉。若西人之于书,则诚哉其有用矣。经史《通鉴》及有宋儒先之书,各国久即译出,又皆有专译中书馆,期将中国经史子集,下逮小说新闻纸,概行翻译,以备采择。彼既有其器矣,道乃得以附之。观其设施,至于家给人足,道不拾遗之盛,视唐、虞、三代,固品节无其详明,而收效卒不少异,区域且加广焉。尝恨博施济来之说,圣人以为至难,则将与天地终此缺陷乎?今不图于美、德诸邦遇之，虽西国亦断无终古不衰弱之理，而中西互为消长，如挹如注。彼所取者，即我所与；我所增者，亦即彼所损；我不自盛强，斯彼亦终无衰弱之理。则洋务之当讲不当讲，岂待徘徊而计决哉？

来语“倭未尝蓄内犯之志”云云，嗣同以为足下此言，视所云晓中外情事者，毋乃相去太远。倭之蓄谋，当在二十年前，储峙钱粟，缮治甲兵，久为外人侧目。合肥知为中国之大患，曾言于朝，沈文肃亦言之，薛叔耘又言之，而丁雨生中丞言尤激切。外此中西智士，谈东事者，指不胜屈，足下岂不知之？而故为轻敌之论者，殆犹以中国真可以一战也。夫战必有所以，曹刿犹能言之，今则民从耶？神福耶？忠之属耶？去年主战之辈，不揆所以可战之人心风俗，与能战之饷与械，又不筹战胜何以善后，战败何以结局，瞢然侥幸于一胜。偶有一二深识之士出而阻之，即嗤为怯懦，甚则诋为汉奸。虽然，此无势之能审，犹有义之可执也。则亘日穷天，孤行其志，胜败存亡，或可不论。及至形见势绌。有百败，无一胜，所失膏壤，方数千里。沿海八九省同时称警，顾此失彼，日不暇给。守则无此恒河沙数之兵，弃又资敌。而海军煨烬，漭漭大洋悉为敌有。彼进而我不能拒，彼退而我不能追，彼他攻而我不能救，彼寄椗而我不能蹙。彼有优游自得以逸待劳之势，方且意于东而东宜，意于西而西宜，择肥而噬，伺瑕而蹈，顾盼自雄，意气横出。我则望洋坐叹，不知所措。当海军之未亡也，言者欲直捣长崎、横滨为围魏救赵之计，不知我之海军且失事于海口，其能得志于外洋乎？一泛沧溟，郎晕眩呕哕，不能行立。窃恐东南西北之莫辨，将举踵而却行，适幽、燕而南其趾，能识长崎、横滨之何在乎？然海军之不可用，犹曰中国所短也。中国所长，莫如陆军，而奉天败，高丽败，山东败，澎湖又败；旗军败，淮军败，豫军东军各省杂募就地召募之军无不败，即威名赫耀之湘军亦败，且较诸军尤为大败。将领相顾推诿而莫前，乡农至以从军为戒，闻与倭战即缩朒不应募，或已募而中道逃亡。虽将领不得其人，然亦有善调度能苦战者矣，亡死数万人，亦不为少义勇之士矣，而卒至此者，则陆军之于海军又未必相悬殊也。至若饷械之亡失，大小炮以千计，炮弹以万计，枪以十万计，枪弹以百万计，其它刀矛帐棚锅碗衣服之属，尤琐细不足计。亡失之银钱与工料以千万计，统中国所耗之战守填防，月饷加饷，转运一切，又以千万计。司农告匮，外库搜括靡遗，下而劝捐勒捐，房捐商捐，加税加厘，息借洋款，息借民财，名目杂出，剔脂钻髓。且陕、甘、云、贵之协饷，以及廉若俸与凡应支之款，概支吾而不发。卷天下所有，曾不能供前敌之一败，而添购军械之款尚无所从出。于是赤手空拳，坐以待毙。向之主战者，乃始目瞪舌挢，神丧胆落，不敢出一语，偶蒙顾问，惟顿首流涕，相持嚎哭而已。而和之势遂不至摇尾乞怜哀鸣缓死不止。嗣同以为孟浪主战之臣，以人家国为侥幸，事败则置之不理，而逍遥事外，其罪犹加败将一等矣。而日本则战无不胜，攻无不取，鼙鼓经年，其阵亡之真日本人才六百余而已，饷械更有得无失。足下以为中国可战乎？不可战乎？

前见陈长镞上书，言与西人战不当用枪炮，当一切弃置，而用己之气。□□□同守此义，而持变气之说，曰专精诚。然观其文采则美甚，书法则佳甚，中国之名士大抵如此矣。夫洋枪洋炮之利，在西人犹其余事，然亦万无徒手可御之理，殆误于孟子制挺之说耶？然孟子明明提出秦、楚二字，何尝谓可挞英、俄、法、德诸国之坚甲利兵乎？即以炮论之，最大之克虏伯、阿模士庄能击五六十里，而开花可洞铁尺许者可使万人同死于一炮。虽断无万人骈肩累足以待炮之理，而其力量所及，要不可不知。由是以推，彼不过发数万炮，而我四百兆之黄种可以无噍类，犹谓气与精诚足以敌之乎？况彼之法度政令，工艺器用，有十倍精于此者，初不必尽用蛮攻蛮打，自可从容以取我乎？今倭已得险要，已得命脉，已具席卷囊括之势。有可幸者，或各国牵制，恐碍商务，不即尽其所欲为耳。悲夫！会见中国所谓道德文章，学问经济，圣贤名士，一齐化为洋奴而已矣。岂不痛哉！岂不痛哉！而犹妄援“攘夷”之说，妄援“距杨、墨”之说，妄援“用夷变夏”之说，妄援“不贵异物贱用物”之说，妄援“舞干羽于两阶，七旬而有苗格”之说。如死已至眉睫，犹曰：“我初无病，凡谓我病而进乐者，皆异端也。”大愚不灵，岂复有加于此者耶？

且足下抑知天下之大患有不在战者乎？西人虽以商战为国，然所以为战者，即所以为商。以商为战，足以灭人之国于无形，其计至巧而至毒。今之策士动曰防海。不知曲折逶迤三四万里，如何防法。既无铁路，使调度灵便，即应有海军，可南可北，首尾相应。练一军而固数省之防，使数万里海面不致尽为敌有，如围棋所称活著，今又亡失于非人，将从何处防起耶？于是有为练民团渔团之说者，此以张疑兵助声势可耳，若责令当大敌，匪惟不情，抑近儿戏矣。有为弃海口海岸专守内地内江之说者，此殆以为西人止能水战，亦不识夷情之至矣。西人尤善陆战，有正有奇，能谋能勇。苟得我之海口海岸，所谓括糠及米，而内地内江又化为海口海岸之形矣，然则又将弃之耶？故无铁路，无海军，直是无防法。且彼又不必真与我战也，率数艘铁甲，今日北洋，明日南洋，后日闽、广，乍离乍合，倏去倏来，止游弋而不接仗。彼所费无几，而我必倾天下之财力以为防，防密即退，偶疏又进，一夕数惊，乘间抵隙，不一年而我无有不疲极内乱者。此亟肄多方之故智，楚之所以灭亡也。今倭人专定数地，明目张胆，与我接仗，犹其老实易与处。若夫西人则更不须亟肄多方也。岁取中国八千万(《浏阳二杰遗文》原刊本作“十千万”)。视国家岁入犹赢一千万,且无国家之费用,是商务一端已远胜于作中国之木那克。迨至膏血竭尽,四百兆之人民,僵仆流离,自不能逃其掌握。今欲闭关绝市,既终天地无此一日,则不能不奋兴商务,即以共人之矛,转刺其人之盾,岂一战能了者乎?向令战胜日本,于中国全局初无裨益,转恐因以骄贪,而人心之疵疠永远于深痛。故败者未必非幸,和者尤当务之为急,但不当如此

林　旭

和耳。

更思足下轻敌之意,殆犹以为彼夷狄耳。此天下士大夫之通病,有断断不可不改者。语曰:“知己知彼。”先必求己之有可重,而后可以轻人。今中国之人心风俗政治法度,无一可比数于夷狄,何尝有一毫所谓夏者!即求并列于夷狄犹不可得,遑言变夏耶?即如万国公法,为西人仁至义尽之书,亦即《公羊春秋》之律。惜中国自己求亡,为外洋所不齿,曾不足列于公法,非法不足恃也。欧洲百里之国甚多,如瑞士国国势甚盛,众国公同保护,永为兵戈不到之国,享太平之福六百年矣。三代之盛,何以加此?尤奇者,摩奈哥止三里之国,岁入可万余元,居然列于盟会,非公法之力能如是乎?

而今日又有一种议论,谓圣贤不当计利害。此为自己一身言之,或万无可如何为一往自靖之计,则可云尔。若关四百兆生灵之身家性命,壮于趾而直情径,遂不屑少计利害,是视天下如华山、桃林之牛马,听其自生自死,漠然不回其志,开辟以来,无此忍心之圣贤。即圣人言季氏忧在萧墙之内,何尝不动之以利害乎?孟子一不可敌八之说,小固不可以敌大,寡不可以敌聚,弱不可以敌强,又何尝不计利害?虽滕文公之艰窘,不过告以强为善以听天,若使孟子不计利害,便当告滕文公兴兵伐齐、楚矣。尧、舜相授受,犹以四海困穷,与十六字并传,而阜财之歌不忘于游宴，是小民之一利一害，无日不往来于圣贤寝兴寤寐之中。若今之所谓士，则诚不计利害矣。养民不如农，利民不如工，便民不如商贾，而又不一讲求维持挽救农工商贾之道，而安坐饱食以高谈虚空无证之文与道。夫坐而论道，三公而已。今之士止骛坐言，不思起行，是人人为三公矣。吾孔子且下学而上达，今之士止贪上达，不勤下学，是人人过孔子矣。及至生民涂炭，万众水火，夺残生于虎口，招余魂于刀俎，则智不足以研几，勇不足以任事，惟抱无益之愤激，而哓哓以取憎。其上焉者，充其才力所至，不过发愤自经已耳，于天下大局，何补于毫毛！其平日虚度光阴，益可知矣。

英教士李提摩太者，著《中国失地失人失财之论》，其略曰："西北边地，为俄国陆续侵占者，可方六千里。此失地也，而知之者百无一人也。中国五十年前，人民已四百二十兆口，以西法养民之政计之，每岁死生相抵外，百人中可多一人，然至今初无增益也。此失人也，而知之者千无一人也。又以西法阜财之政计之，每岁五口之家，可共生利一铤，然中国日贫一日也。此失财也，而知之者竟无其人也。"审是，则中国尚得谓之有士乎？嗣同深有痛于此，常耿耿不能下脐。平日于中外事虽稍稍究心，终不能得其要领。经此创巨痛深，乃始屏弃一切，专精致思。当馈而忘食，既寝而复兴，绕房彷徨，未知所出。既忧性分中之民物，复念灾患来于切肤。虽躁心久定，而幽怀转结。详考数十年之世变，而切究其事理，远征之故籍，近访之深识之士。不敢专己而非人，不敢讳短而疾长，不敢徇一孔之见而封于旧说，不敢不舍己从人，取于人以为善。设身处境，机牙百出。因有见于大化之所趋，风气之所积，非守文因旧所能挽回，而必变法始能复古，不恤首发大难，画此尽变西法之策。于所谓算学格致，益不敢不尽心焉。

于是上书欧阳瓣姜师，请于本县兴创算学，其指曰："士生今日，亦止有隐之一法。然仕有所以仕，隐尤当有所以隐。为天地立心，为生民立命，以续衡阳王子之绪脉，使孔、孟、程、朱之传不坠于地，惟夫子与刘夫子、涂夫子自当任之。而诸门弟子亦宜分任其责：或如仲子之治赋，或如冉子之通算术能理财，或如端木子之通算术经商务，或如樊子之研究农务，或如公西子之足备使才，或如宰我子之专习语言，或如卜子之治文学，或如颛孙子之订仪注，或如言子之详节文。陶淑既久，必将有治学合一，高据德行之科，兼为邦南面之才与器，如颜子仲弓其人者。师弟一堂，雍雍三代，有王者起，必来取法，可不疑矣。然今之世变，视衡阳王子所处，不无少异，则学必征诸实事，以期可起行而无窒碍。若徒著书立说，搬弄昌平阙里之大门面，而不可施行于今，则何贵有此学耶？闻曾发变法之论，伏望先小试于一县，邀集绅士讲明今日之时势与救败之道，设立算学格致馆，招集聪颖子弟肄业其中。此日之衔石填海，他日未必不收人材蔚起之效，上之可以辅翼明廷，次之亦足供河西、吴越之用。即令付诸衡阳王子之《噩梦》，而万无可为之时，斯益有一息尚存之责。纵然春蚕到死，犹复捣麝成尘。谚曰：'巧妇不能作无米之炊。'然必有米而后作炊，亦不得谓之巧妇矣。然则畏难而就简因陋，一惭之不忍而累及终身，事急又横蛮言战，曾不恤情理之安，亦安得谓通天地人之为儒，推十合一之为士，包罗万有、本末兼该、体用具备之学乎？夫彼之横蛮言战及为闭关绝市之说者，其不计利害也，是劝五十里之国之滕文公伐齐、楚也。"书到，以商于涂大围师，俱蒙嘉纳，遂有兴算学社之举。唐绂丞诸君复得请于学政，将县中南台书院改为算学馆，而刘淞芙又别联一小社，稽古振今，士风一奋。嗣此倡扶正学，丕振宗邦，尤为足下是赖，而乃慑于讲洋务之名，随众以诋，如诸来语，甚非所愿闻也。

窃意足下天姿开敏，行且猛悟，今特为嚣谈所夺耳。历观近代名公，其初皆未必了了。更事既多，识力乃卓。如曾文正、惠敏父子，丁雨生中丞，洞彻洋务，皆由亲身阅历而得。左文襄晚逢，故沈观最久。其请造轮船之疏曰："彼既巧，我不能安于拙；彼既有，我不能傲以无。"所至辄兴创机器，信知所先务矣。沈文肃疏论船政，自谓"臣则一无知而已矣，其悔恨为何如耶"。彭刚直号为不喜洋务，然筑沿江炮台，何尝不用西法，又何尝不请造兵轮。其序郑陶斋《盛世危言》，至谓“孔、孟复生，不能不变法而治”，是于洋务独能深入其蕴。黎莼斋兵备为诸生时，上书言事，深薄洋务。及使东章奏，迥然如出两人。郭筠仙侍郎归自泰西，拟西国于唐、虞、三代之盛，几为士论所不容。薛叔耘副都初亦疑其扬之太过，后身使四国，始叹斯言不诬。夫阅历者人所同也，但能不自护前，不自讳过，复何难瘖之有？即嗣同少时，何尝不随波逐流，弹抵西学，与友人争辩，常至失欢。久之渐知怨艾，亟欲再晤其人，以状吾过。而或不更相遇，或遂墓上草宿，哀我无知，负此良友，故尤愿足下引为鉴戒焉。十年之前，作《治言》一篇，所言尚多隔膜，未衷于理，今并呈览，亦可考验其识见之增益。昔尝以日新相期，足下未遽领悟，或者其失即在此乎？若嗣同则自今益当求新，决不敢自囿于所陈，足下不斥其妄，尤有更精之策，并为足下倾箱倒箧而出之。

一曰筹变法之费。除以供国家巨用外，余议院学堂乡塾之所需，莫如毁天下寺观庙宇诸不在祀典之列者。即在祀典，亦宜严立限制，节其侈费，以供正用。则各府州县，皆能就地筹财，无俟他顾。今之寺观庙宇，多而且侈，使悉废之，不惟财无虚掷，人无游手，而其云构崇阁，亦可为议院学堂诸公所之用。至民间每年所省香烛纸爆等费，尤为不可胜计。黄佩豹两至及诸部，金银之富，无与伦比。佛寺大小以万计，寺产可千万金者，随在有之。佛像屋顶，悉以赤金铸成。余黄白之属，或镕为山，或窖于地。民俗愚而勤苦，岁有赢赀，辄以献诸佛寺，堆积至厚，而不知取用。设若强邻内侵，枭雄窃据，其为借寇兵赍盗粮，害有不堪设想者。谁秉国钧，愿思冶容慢藏之训，亟有以收之，而中国自此富无与京矣。

一曰利变法之用。机器之兴，仅赖煤炭火油以司运动，则耗多而势必竭。西国有收地热日热以行轮船，及用电气以行铁车者。然地日之热其力甚微，电气赀本所费不给，则莫如就四川之火井、各省之温泉以设机器，更助以地热或日热，是可以省火力矣。就各山之瀑布飞泉安措轮轴，使摩激而生电气，因而传引至需用之处，是可以节物力矣。然而西人诸机器之力犹有限量，欲求大至无限量之力，又莫如海潮。据天学家言，海潮与日月相吸之力，能令地球暂离其轨道，所以积久必有岁差。今任其自消自长，而不思所以用之，则亦徒负大力，而无裨于人事矣。可就沿海潮头极大之地，遍立极大之机厂，以取受其力。距海远者，则用电线传力之法，而力无不达。由是巨灵逊其开山，共工惭其陷地，助力之广，殆于不可思议。

一曰严变法之卫。夫甲船枪炮，日出新奇，久之必更有一物焉驾乎其上，而他具皆废。涂大围师深痛战具酷烈，尝曰："不识气学电学能御枪炮否?”夫御之则不能,而有加酷之法,不啻御之而尤甚。西人尝欲以电气施于枪炮之中,各国聚谋,尚无精诣。惟英人玛格森者,曾造灵巧小炮,每分钟时能放子六百出,宜车亦宜舟,兼有吸水柜,能减炮之热度,使久用不息,固已绝伦超群矣。而成此炮后,复精治电学,创为电气飞船,无论风之顺逆,皆可飞行无阻,进退升沉,转旋如意,但尚不能速耳。此与气球同

慈禧太后出行

为行军绝技，即薛叔耘副都所谓云军云战者也。今幸西人尚未极精，使中国从而精之，则可无敌于天下。盖各种枪炮俱不利仰击，田鸡炮虽较胜，亦不能及远。而电船气球行度，常在三十里内外，即降至十里或数里，亦无有能伤之者。是翱翔所至，山海失其阻深，枪炮都成废物矣。且重物下坠之率，于相距之平方，有反比例，渐次增速，即渐次增重，愈速则愈重。一斤之物，坠之于至高，及其至也，可陡增千万之重。故人乘电船气球，并不必用枪炮，第取开花炸弹，或实心巨弹而下坠之，即已无坚不摧。而西人又有用大凸透光镜，取日中之火以焚敌者。镜方八尺，即可镕化生铁于三十里之外，是尤宜参用其法，则凡铁甲船水雷旱雷各式炮台地营与城郭之属，皆为无用矣。然则气学电学所能御者，岂第枪炮而已哉。惟此策惨无人理，尤须防人之以此加我，宜专设一学，孜孜制造，庶几力争先著。若又让西人之我先，中国直几上肉耳。

一曰求变法之才。前言变学校变科举，是求才矣，而创办之始，尤贵有人焉以肩其任。莫如即责成各府州县之绅首，有能倡议废寺观，或集股开矿，或置办机器，与以一艺一事名者，与兴利诸事，即加服命宠异，令入议院充议员。由官做助之、保护之，使成其事。有梗议者，籍其名不令出仕，并不准干预地方事。有一府一县皆顽梗不受化者，即将所属停止科举以坐辱之。赏罚明，斯人材奋,无可疑也。然以中国民风之良懦,为五大洲之所无,故治国之易,莫易于治中国。他日治成,亦必为五洲之所无。患上之不行耳,何患民弗从哉?

嗣同拭目隆平,逾于饥渴,见诸公变法之奏,不禁跃如。所言傥皆踳驳,望足下别思一可行之策。勿谈空理,勿尚浮文,并条举而件系之,庶乎吾儒之实学。若徒摘一字一句之未安而遽尔见攻,虽墨翟环带之守,将不能任。惟高明图察是幸。

甲午(乙未)秋七月,谭嗣同谨上

公在甲午战役前后,思想及治学精神,已有转变。于是乃自号"壮飞"。《三十自纪》中云:"处中外虎争文无所用之日,丁盛衰互纽臂力方刚之年,行并其所悔者悔矣。"读其言可知其心志,故自号壮飞。

是年,公由鄂赴上海,旋上京师。

七月,南海康有为倡强学会于京师,名流毕集,所谓公车上书者也。时割台、辽之议起,人心震愤,士大夫发起一政社,讲究自立自强之策。张之洞、袁世凯均为当时赞助人;并刊行中外公报,分送朝士,寻为御史杨崇伊所劾。强学会开创时,公未参加。

梁启超为公作传有云:"君乃自湖南溯江下上海,游京师,将以谒先生,而先生适归广东,不获见。余方在京师强学会任记纂之役,始与君相见。语以南海讲学之宗旨,经世之条理,则感动大喜跃,自称私淑弟子。”

是年秋,公居京师颇久,至年底方旋鄂。乙未除夕上欧阳瓣姜师信提及,“途中连上数书,随于二十三日到鄂……适有赞使之说,不能不暂作应酬。”

清廷原定鄂藩王之春使俄,唁俄皇亚力山大丧,并贺新皇尼古拉二世即位。王奏调公出国任庆贺专使随员,王旋罢使,公得不赴。

此书余曾于家信见之,先人手泽现无片纸存留,余家居时,发现一批信件,及会客门簿。除大東家信外,信札中有郑孝胥、徐仁铸、江标、王之春、陈宝箴、陈三立、丁惠康、熊希龄、梁启超、陶浚宣、钱洵、张通典、龙璋、龙绂瑞、徐乃昌、左孝同、宋恕、黄遵宪、罗振玉、言敦源(言为袁世凯幕友)、沈兆祉(后入袁世凯幕,有“小诸葛”之称)、汪诒书、吴顺鼎、吴铁樵、樊锥等,以及学生林圭、范源濂二人联名信;方外人有释敬安(八指头陀)信,邑人有欧阳师(瓣姜)、贝元徵、唐才常、刘善涵、李正则等,其中以欧阳师及张通典、黄遵宪、刘善涵四人为最多。门簿中,有旧党领袖满人荣禄、帝傅翁同龢(差贴拜会),以及沈曾植、张孝谦、容闳、杨锐、郭之全(字友琴,河南人,袁世凯之友)等。时罗良鉴方在稚年,随其父罗维垣来谒(罗良鉴光绪二十九年应经济特科考中式)。在沪接见人士,有汪康年、梁启超、经元善、顾涓(顾维钧父，顾父时任顺昌洋行买办）、朱葆三（亦买办人物）等。在宁有袁昶、杨文会、蒋德钧、杨鸿度等。此门簿原弃于破书簏中，今已遗失可惜。

训聪谨按：门簿中所接见人士，系在乙未、丙申两年间，公在京、在沪、在宁所见也。簿中所列人名甚多，其余记忆不清者，余不敢记。

作《傅保高媪小照赞并引》，先祖母李太恭人亦题一绝于后："髫龄失母实堪怜，朝夕相依十六年。问暖嘘寒勤抚恤，追随不异在娘前。"

补注：《秋雨年华之馆丛脞书卷二·傅保高媪小照赞并引》：高媪者，直隶通州人、刘氏女。长适高，生子四，皆夭。夫故无赖，流落不知所在。弟强之嫁，坚不允，出为佣媪，受雇于吾外舅李篁仙先生家。吾外姑宛平王夫人，绝敬重之，以所生女三人属其抚养。王夫人寻卒，媪念托孤之谊，爱养诸女如己出，教娴仪则，令习诗礼，出适名族，皆以贤闻。内子李闰，其长也。余二女既嫁而殁。次有子，更属媪，媪即终于其家，所谓善化陈氏者也。年八十有一，时光绪二十一年十一月初九日，从陈氏流寓汉口。

媪亮节孤励，垂老笃勤。赋性温淑，师保有仪。傅此三媛。克成令德。遭遇艰危，忘己施爱。终始三十年，不以少倦。卒仍抚陈氏之孤，迄尽形寿。此岂世俗一生一灭之心所堪任者哉？

履贞不渝，可谓一节矣。

是年八月，陈公宝箴由直隶按察使，擢升湖南巡抚。

光绪二十二年丙申(1896)，三十二岁

春，奉父上京引见。事先敬甫公为公捐一候补知府，原拟分发浙江省，后改派江苏(有公《寄别瓣姜师兼简同志诸子诗》可证)。敬甫公虑其多预外事，故有此举；并送胞侄传赞赴京考荫，入国子监读书。

公至六月八日方出都，在京师有半载之久，游历各地，拜访当时显宦及知名学者，又晤外籍传教士。

是年公曾赴天津，参观船坞、铁路、铁桥、电线局、兵轮、炮台等；又如唐山煤矿、漠河金矿，又得见上年被灾之难民，栖止堤上，至为悲感。

在京师新识诸佛教学者，如吴嘉瑞(雁舟)、夏曾佑(穗卿)、吴德潇(小村)父子，又晤传教士傅兰雅，与语辄有微契。公夏抵金陵，寄寓杨公鸿度(彦规)家。

杨为湘乡杨昌浚(石泉)长子，吾外祖翰欞(子端)之长兄，时主湖南督销局事，寓居南京卢妃巷刘公祠。

是年夏四月，公晋谒帝师翁同龢。翁日记云："谭嗣同号复生，行三，江苏(知)府，三十二岁，通洋务，高视阔步，世家子弟中

光绪帝

桀傲者也。”至次年二月，敬甫公入觐来京，翁日记记：“谭敬甫中丞来谈，此人拘谨，盖札法之士，从前不知，而有此子何也？”读翁两段记载，可卜翁氏对公态度。

公抵金陵后，七月底有上欧阳瓣姜师一长函，自称《北游访学记》，其中要点：

一、述此次北上，计五阅月，虑有背师训，用简条陈所见，冒昧上书。

二、于教士傅兰雅处所见异物，化石、算机、人体照像可见肝胆。

三、在天津所见所闻，以及诸大僚之言论，并见难民流离惨状。

四、缘此思发宏愿，国人必须有度人度世之心。

五、认定君臣以义合，君亦民也，事与义合可以牺牲一切，故敢大言曰："止有死事之理，断无死君之理。"

六、认为"今日儒者"以孔圣之道理，作为幌子，而专以剥削孔道为务。

七、欲救今日之国家应讲究心学，并言坚定方能自强，自定方能自立。

补注：《北游访学记》（节选）：在京略复一笺，交舍侄带至汉口交袁九成寄。时正检点出京，拨冗写之，殊不极意。随于六月十八日出京，廿九日到南京，与舍侄分伴，独入官中矣。计北游迄此，几五个月，时不为不久，地不为不远，见人不为不多，于身心宜有长进。又虑不亲慈训，将入于偏妄而不觉，用敢条录所见，冒昧说之，冀加砭订。是此书为《北游访学记》矣。

去年底到鄂，意中忽忽如有所失；旋当北去，转复悲凉。然念天下可悲者大矣，此行何足论？且安知不为益乎？遂发一宏愿：愿遍见世间硕德多闻之士，虚心受教，挹取彼以自鉴观；又愿多见多闻世间种种异人异事异物，以自鉴观。作是愿已，遂至于上海。

于傅兰雅座见万年前之殭石，有植物、动物痕迹存其中，大要与今异。天地以日新，生物无一瞬不新也。今日之神奇，明日即已腐臭，奈何自以为有得，而不思猛进乎？由是访学之念益急。

又见算器，人不须解算，但明用法，即愚夫妇，可一朝而知算，句稽繁隐，无不立得。器中自有数目现出示人，百试不差；兼能自将数目印成一张清单送出。此虽至奇，然犹有数可计，推测而致者也。

又见照像一纸，系新法用电气照成，能见人肝胆、肺肠、筋络、骨血，朗朗如琉璃，如穿空，兼能照其状上纸；又能隔厚木或薄金类照人如不隔等。此后医学必大进！傅兰雅言："此尚不奇，更有新法，能测知人脑气筋，绘其人此时心中所思为何事，由是即可测知所梦为何梦，由是即可以器造梦，即照器而梦焉。"且言："格致而有止境，即格致可废也。今虽萃五大洲人而研格致，不过百千万茧丝仅引其端焉。久之又久，新而益新，更百年不知若何神妙？况累千年、万年、十万、百万、千万、万万年，殆于不可思议。大约人身必能变化，星月必可通往来，惜乎生早，不得见焉！”因思人为万物之灵，其灵亦自不可思议，不可以形气求，乃并不可以理求；无理之中，必有至理存焉。故西人格致，依理以求，能行而不能言其所以然，是于无理之理瞢焉。西人之学，殆不止于此。且其政事如此之明且理，人心风俗如此之齐一，其中亦必有故焉，而未得察也。遍访天主、耶稣之教士与教书，伏读明辨，终无所得，益滋疑惑。殆后得《治心免病法》一书，始窥见其本原。今之教士与教书，悉失其真意焉。

到天津，见机厂、轮船、船坞、铁路、火车、铁桥、电线、炮台等。他如唐山之煤矿，漠河之金矿，无一不规模宏远，至精至当。此在他人，能举其一，功即不细；合肥兼综其长，夫亦人杰，惜晚节不终，弥增悼叹。继其位者，远不能逮，敷衍尚不能了，公论惭焉。及出郭，见上年被水灾之难民，栖止堤上，支席为屋，卑至尺余，长阔如身，望之如柜。鹄面鸠形，无虑数千，然能逃至此，犹有天幸者也。顺直水灾，十余年未尝间断，今夏永定河又决。河道壅塞，海口高仰，自然止有水害而无水利。大沽口虽盛涨，商轮止能到塘沽，则淤遏已可见。而中外大僚，决计不疏凿，方以为幸，云：“天生奇险以卫京师，使外人兵轮不得驶入。”幸灾乐祸，以残忍为忠荩，生民殆将为鱼乎！且就彼所言，抑又左矣，外人要求，何必定由此道？独不记去年关外却不由水道耶？

见难民作种种状，悚然忆及去年家乡之灾，幸有人焉以维持之，不然，大乱一作，惨毒当不止此。办赈者真功德无量哉！又自念幸生丰厚，不被此苦，有何优劣，致尔悬绝？犹曰优游，颜之厚矣！遂复发大心：誓拯同类，极于力所可至。

京居既久，始知所愿皆虚，一无可冀。慨念横目，徒具深悲，平日所学，至此竟茫无可倚。夫道不行而怨人者，道之不至者也；道必倚人而行者，亦自必穷之势也。因自省悟，所愿皆虚者，实所学皆虚也。或言："圣人处今日，苟无尺寸柄，仍然无济。"是大不然！圣人作用，岂平常人能测？人为至灵，岂有人所做不到之事？何况其为圣人？因念人所以灵者，以心也。人力或做不到，心当无有做不到者。即如函丈办赈之时，天时人事，一无可恃，性急之人，无有不焦思极虑以为万无一成者，卒之竟平平淡淡，度此奇厄，虽天亦报之以丰熟之岁，岂有他哉？特函丈当初仁恕和平之一念为之也。当函丈焚香告天时，一心之力量早已传于空气，使质点大震荡，而入乎众人之脑气筋，虽多端阻挠，而终不能不皈依于座下，此即鬼神之情状与诚之实际也。嗣同信道不笃，妄欲易以杂霸之术，拼命而行之，将以救然眉之急，使以此治天下，初必有奇效，久之，患气必将愈烈。何也？人心难静而易动者也。结冤甚易，解之甚难。静之以和平，天下自渐渐帖服；动之以操切，皆将诡诈流转，以心相战，由心达于外而劫运成矣。如两虎相斗，终于两毙而后已。以是益服函丈之坚忍果决，非浅心所能及也，自此猛悟，所学皆虚，了无实际，惟一心是实。心之力量虽天地不能比拟，虽天地之大可以由心成之、毁之、改造之，无不如意。即如射不能入石，此一定之理。理者何？即天也。然而至诚所感，可使饮羽。是理为心所致，亦即天为心所致矣。大约人为至奇之物，直不可以常理论。古人言冬起雷、夏造冰，以为必无之事；今西人则优为之。再阅万万年，所谓格致之学，真不知若何神奇矣。然不论神奇到何地步，总是心为之。若能了得心之本原，当下即可做出万万年后之神奇，较彼格致家惟知依理以求，节节而为之，费无穷岁月始得者，利钝何止霄壤？傅兰雅精于格致者也，近于格致亦少有微词，以其不能直见心之本原也。嗣同既悟心源，便欲以心度一切苦恼众生，以心挽劫者，不惟发愿救本国，并彼极强盛之西国与夫含生之类，一切皆度之。心不公，则道力不进也。佛说出三界，三界又何能出？亦言其识与度而已。故凡欲为教主者，不可自说我是某国人，当自命为天人，俯视万国皆其国，皆其民也。立一法不惟利于本国，必无伤于各国，皆使有利；创一教不惟可行于本国，必合万国之公理，使贤愚皆可授法。以此居心，始可言仁，言恕，言诚，言絜矩，言参天地、赞化育，以之感一二人，而一二人化，则以感天下，而劫运可挽也。虽穷为匹夫，又何伤也哉？重经上海，访傅兰雅，欲与讲明此理，适值其回国，惟获其所译《治心免病法》一卷，读之不觉奇喜。以为今之乱为开辟未有，则乱后之治亦必为开辟未有，可于此书卜之也。此书在美国已非甚新，近年宜更有长进。然已入佛家之小乘法，于吾儒诚之一字，亦甚能见到。由此长进不已，至万万年，大约一切众生无不成佛者。学者何可不力争上流，而甘让人诞先登岸耶？涂夫子思以化电诸学制枪炮，此书所言感应之理，皆由格致得来，是即化电之根原。各国苟能讲心学，一切杀人之具自皆弃置勿复道。此是必有之事，可为聚生预贺。然必由格致、政务入手，方不杂于曼秋太史专精诚之说，故曰：下学而上达也。持此以读《六经》，往往可得神解，独惜《易》学尚未昌明耳。《易》冒天下之道，大约各教之精微诞谬，《易》皆足以括之，故曰至赜而不可恶。其精微处，船山《易传》多已发明；惟诞谬处，尚待旁通耳。今谨购《治心免病法》呈览。其所用字样，各就本教立名，于大义无涉，读者可随意改之，初无伤也。

在京晤诸讲佛学者，如吴雁舟，如夏穗卿，如吴小村父子，与语辄有微契。又晤耶稣教中人，宗旨亦甚相合。五大洲人，其心皆如一辙，此亦一奇也。于是重发大愿，昼夜精持佛咒，不少间断：一愿老亲康健，家人平安；二愿师友平安；三知大劫将临，愿众生咸免杀戮死亡。渐渐自能入定。能历一二点钟久始出定，目中亦渐渐如有所见。惟恨道力浅薄，一入官场，便多扰乱耳。

“达则兼善天下”，不知穷亦能兼善天下，且比达官之力量更大。盖天下人之脑气筋皆相连者也。此发一善念，彼必有应之者，如寄电信然，万里无阻也。即先圣先贤，死而不亡。生人之善气，尤易感动，则冥冥中亦能挽回气数，此断断无可疑者，特患人不专精耳。张巽之曰：“如来说法，与达摩面壁，其度一切众生苦厄，功效一也。”且不徒在生然也。王船山先生曰（不能举其词，概括其意），圣人之所养，死后可化为百十贤人，贤人可化为百十庸众，故善吾生者，乃所以善吾死也。亦尊诗所谓“薪火犹传死后功”也。所以第一当知人是永不死之物。所谓死者，躯壳变化耳；性灵无可死也。且躯壳之质料，亦分毫不失。西人以蜡烛譬之，既焚完后，若以化学法收其被焚之炭气、养气与蜡泪、蜡煤等，仍与原蜡烛等重，毫无损失，何况人为至灵乎？此理不深，愚夫妇亦能解。愚夫妇能常念此，则知生前之声色、货利诸适意事，一无可恋，而转思得死后之永乐，尤畏死后之永苦，于是皆易相勉于善。吴雁舟曰：“西人虽日日研求枪炮，一切杀人之具，而其心却时时顾諟天之明命。”故其政俗几乎开五大洲太平之局；亦彼教灵魂之说足以竦动其心，遂亹亹于善也。今察其乐，和平中正，迥非中国梆子、二黄噍杀之音，其得力自有在矣。至于生前欲为功于天下,尤易见效。致中和,天地位焉,万物育焉。至诚之道,不可诬也。

所闻于今之人者,至不一矣,约而言之,凡三家:一曰学,二曰政,三曰教。夫学亦不一,当以格致为真际。政亦不一,当以兴民权为真际。教则总括政与学而精言其理。至于教,则最难言之,中外各有所囿,莫折于衷。试即今日之事论之:教之真际,无过五伦。而今日君臣一伦,实黑暗否塞,无复人理。要皆秦始皇尊君卑臣,愚黔首之故智,后世帝王喜其利己,遂因循而加厉,行之千余年,至宋末,不料有入而代之者,即以其法还制其人,且以伦常字样制其身,并制其心,所谓田成子窃齐国,并其仁义圣智之法而窃之也。原夫生民之初,必无所谓君臣,各各不能相治,于是共举一人以为君。夫曰共举之,亦必可共废之。故君也者,为天下人办事者,非竭天下之身命膏血,供其骄奢淫纵者也。供一身之不足,又欲为子孙万世之计,而一切酷烈钳制之法乃繁然兴矣。而圣教不明,韩愈"臣罪当诛,天王圣明"之邪说,得以乘间而起,以深中于人心。一传而为胡安国之《春秋》,遂开有宋诸大儒之学派,而诸大儒亦卒不能出此牢笼,亦良可哀矣。故后世帝王极尊宋儒,取其有利于己也。王铁珊之祖,死节者也,尝与论死节之理曰:"君臣以义合者也,人合者也。君亦一民也,苟非事与有连,民之与民,无相为死之理,则敢为一大言以断之曰:

‘止有死事的道理，断无死君的道理。’死君者，是以宦官、宫妾自待也，所谓匹夫匹妇之谅也。况后世之君，皆以兵力强取之，非自然共戴者乎？又况有彼此种类之见，奴役天下者乎？”铁珊击节叹赏，称为圣贤之精微。并言刘夫子于古今君臣之际，亦尝慨乎言之。而同乡某或疑为不臣。噫！人心痼蔽，至于如此。焚书以愚黔首，不如即以《诗》《书》愚黔首。秦真钝人哉！

西人悯中国之死于愚也，则劝中国称天而治，庶无畸重畸轻之弊。因秘天为彼教所独有，转疑吾圣教之有缺，不知是皆吾所旧有也。三代以上，人与天亲。自君权日盛，民权日衰，遂乃绝地天通，惟天子始得祀天，天下人望天子俨然一天，而天子亦遂挟一天以制天下。天下俱卑，天子孤立，当时之强侯因起而持其柄，然民之受制则仍如故也。孔子忧之，于是乎作《春秋》。《春秋》称天而治者也，故自天子、诸侯，皆得施其褒贬，而自立为素王。《春秋》授之公羊，故《公羊传》多微言。其于《尹氏》章云："讥世卿也。"卿且不可世，又况于君乎？诸如此类，兴民权之说，不一而足。且其战例，亦往往与今之万国公法合。故《公羊春秋》，确为孔氏之真传。然其学不昌者，亦与君主之学相悖而已矣。孔子于《春秋》犹多隐晦，至于佛肸、公山之召而欲往，则孔子之心见矣。而后儒于《佛肸》《公山》两章书几不能读，可知中国君臣一伦何尝明乎？孔子之学，衍为两大支：一由曾子，再传而至孟子,然后畅发民主之理,以竟孔子之志;一由子夏,再传而至庄子,遂痛诋君主,逃之人外,不为时君之民,虽三代之君悉受其菲薄,虽似矫激,实亦孔氏之真传也。持此识以论古,则唐、虞以后无可观之政,三代以下无可读之书。更以论国初三大儒,惟船山先生纯是兴民权之微旨;次则黄梨洲《明夷待访录》,亦具此义;顾亭林之学,殆无足观。

言进学之次第,则格致为下学之始基,次及于政务,次始可窥见教务之精微。以言其衰也,则教不行而政乱,政乱而学亡。故今之言政、言学,苟不言教,则等于无用。英人韦廉臣著《古教汇参》一书,博考古今中西之教凡数十。每教复各有门户,其中亦有精微者,亦有诞谬不可究诘者。然不论何教,皆有相同之公理二:一曰慈悲,吾儒所谓"仁"也;一曰灵魂,《易》所谓"精气为物,游魂为变"也。言慈悲而不言灵魂,止能教贤智而无以化愚顽;言灵魂而不极其诞谬,又不足以化异域之愚顽。吾儒鄙外教之诞谬,外教亦不喜吾儒之无其诞谬,二者必无相从之势也。惟佛教精微者极精微,诞谬者极诞谬。佛之精微,实与吾儒无异。偶观佛书,见其不可为典要;惟变所适,往往与船山之学宗旨密合,知必得力于此。若夫诸儒所辟之佛,乃佛家末流之失,非其真也。据佛书,如来佛尝娶三妻,诸菩萨亦多有妻子者,何曾似今日之僧流乎?佛教虽出于印度,不过师弟相授受,卒未尝一日行也。数传后，并其精微而亡之，仍自重其所谓婆罗门教。故印度之亡，与佛无与焉。《古教汇参》中遍诋各教，独于佛则叹曰："佛，真圣人也。"美国欧格教士尝言："遍地球最兴盛之教无过耶稣。他日耶稣教衰，足以代兴者其惟佛乎！"缘不论何教之精微及诞谬不可究诘，佛书皆已言之，而包扫之也。尤奇者，格致家恃器数求得诸理，如行星皆为地球，某星以若干日为一岁，及微尘世界，及一滴水有微虫万计等，佛书皆已言之。李提摩太尝翻译佛书回国，又西国讲佛学之会凡四十余处，此行佛教之兆也。故言佛教，则地球之教可以合而为一。西人又极拜服中国井田之法，其治河用之，颇收奇效。又言欲地球皆太平，非井田封建不可。故行井田封建，兼改民主，则地球之政可合为一。又政、教与学所以难遍行于愚顽者，亦文字为之梗也；悉改文字之象形为谐声，则地球之学可合为一。

孔子教何尝不可遍治地球哉？然教则是，而所以行其教者非也。无论何教无不专事其教主，使定于一尊而牢笼万有。故求财者往焉，求子者往焉，求寿者往焉。人人悬一教主于心目之前，而不敢纷驰于无定，道德所以一，风俗所以同也。中国则不然，各府县孔子庙，惟官中学中人始得祭之，至不堪亦必费数十金捐一监生，赖以升降拜跪于其间。农夫野老，徘徊观望于门墙之外，既不识礼、乐之声容，复不解何所为而祭之，而已独不得一与其盛,其心岂不曰孔子庙一势利之场而已矣!如此又安望其教之行哉?且西人之尊耶稣也,无论何种学问必归功于耶稣,甚至治好一病,赚得数钱,亦必归功曰:“此耶稣之赐也。”附会归美,故耶稣庞然而日大。中国儒者专以剥削孔子为务,见霸术,则曰孔门五尺羞称也;见刑名,又以为申、韩;见兵法,又以为孙、吴;见果报轮回之说,又以为异端,皆不容于孔子者也。于是孔子之道日削日小,几无措足之地。小民无所归命,止好一事祀一神,甚且一人事一神,而异教乃真起矣。当柄亦终不思行其教于民也。东汉以后,佛遂代为教之,至今日耶稣又代为教之。耶稣教士曰:“中国既不自教其民,即不能禁我之代教。”彼得托于一视同仁,我转无词以拒。故强学会诸君子,深抱亡教之忧,欲创建孔子教堂,仿西人传教之法,遍传于愚贱。某西人闻之,向邹沅帆曰:“信能如此,我等教士皆可以回国矣。”不知此举适与愚黔首之意相反,故遭禁锢。后虽名为开禁,实则止设一空无所有之官书局,亦徒增一势利场而已。此后孔子教竟不知如何结局。意者将附于佛教以行其精意耶?亦可哀甚矣!士生今日,除却念佛持咒,又何由遣此黑暗之岁月乎?

钱尺岑曾在山海关魏军中,后同往甘肃。言上年盛京大饥,流民逃入关乞赈,只山海关一处,每日病饿死以千百计。乃钦差不理,地方官亦不理……

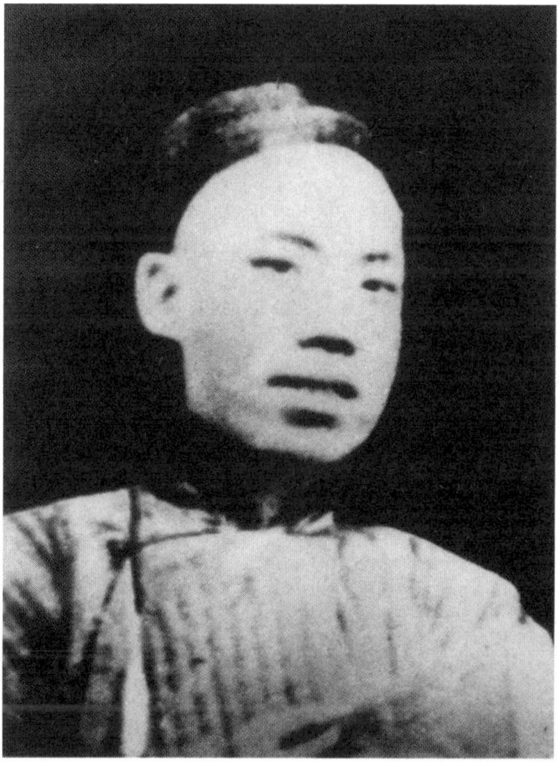

杨深秀

今之策富强而不言教化、不兴民权者，吴雁舟所目为助纣辅桀之臣也。

大劫将至矣，亦人心制造而成也。西人以在外之机器制造货物，中国以在心之机器制造大劫。今之人莫不尚机心，其根皆由于疑忌。乍见一人，其目灼灼然，其口缄，其舌矫矫欲鼓，其体能极卑屈，而其臂将欲翔而搏击，伺人之闲隙而时发焉。吁！可畏也。谈人之恶则大乐，闻人之善则厌而怒，以骂人为高节，为奇士，其始渐失其好恶，终则胥天下而无是非。

故今之论人者，鲜不失真焉。京朝官日以攻击为事，初尚分君子小人之党，旋并君子小人而两攻之。党之中又有党，党之党又自相攻。苟非势力绝大，亦卒不能有党。如釜中虾蟹，嚣然以哄，火益烈、水益热而哄益甚，故知大劫不远矣。此风尤以为剧，立誓不与外省人相亲厚，外省人亦至耻恶之，其劫殆将加惨。此皆由数十年强盛所使然……名震天下，通盘打算，其利甚少，而人心风俗之受害殆不可胜言。

无术以救之，亦惟以心救之。缘劫既由心造，亦可以心解之也。见一用机之人，先平去自己机心，重发一慈悲之念，自能不觉人之有机，而人之机为我所忘，亦必能自忘。无召之者自不来也。此可试之一人数人而立效。使道力骤增万万倍，则天下之机皆可泯也。道力不能骤增，则莫如开一学派，合同志以讲明心学。心之用莫良于慈悲；慈悲者，尤化机心之妙药。今夫向人涕泣诉苦，恻怛沈痛，则人莫不暂去其机心而哀怜之。此仅悲而不慈，已足动人如此。又凡长斋诵经，日以佞佛为事者，人不过笑其庸陋，而其人必终身免于疑忌，此亦小试之而小效也。又况以天地民物为量，天下一家，中国一人之大慈悲乎？亦勿虑学派之难开也，患道力不足耳。各教教主，皆自匹夫一意孤行而创之者也。即天津在理教最新而又最小，然从之者几遍直隶；其教主力量，亦自可观。此次在京，极力考求在理教，宛转觅得其书，乃剌取佛教、耶稣教之浅者而为之。然别有口传秘诀，誓不典外人说，仍无由求之；不得已至拜一师，始得其传，则亦道家炼气口诀而已，非有他不善也。赖有灵魂、轮回、果报之说，愚夫妇辄易听从。又严断烟酒，亦能为穷民省却许多闲钱。故不论何教，于民皆能有益，总胜于今之摈弃愚贱于教外，全然不去理会也。饥者易为食，渴者易为饮，岂但政为然哉？处无教之时，民苦于无所系属，不问何一人，立一诞谬之教，亦足使民归命，不尤可悲乎？虽然，又岂但愚贱之不教乎？

梁卓如言："佛门止有世间、出世间二法。出世间者，当伏处深山，运水搬柴，终日止食一粒米，以苦其身，修成善果，再来投胎人世，以普度众生。若不能忍此苦，便当修世间法，五伦五常，无一不要做到极处；不问如何极繁极琐极困苦之事，皆当为之，不使有顷刻安逸。二者之间更无立足之地，有之，即地狱也。”此盖得于其师康长素者也。嗣同谓独候补官，于世间、出世间两无所处。固知官场黑暗，而不意金陵为尤甚。到此半月，日日参谒，虽首府首县，拜之数次，犹不能一望见颜色，又何论上官？及上官赐以一见，仅问一两语，而同寅早已疑之忌之矣。在京与王铁珊约，决不带一纸书以玷辱师门。已方以此自重，而上官即以此见轻。尤奇者，本地知名士，曾往拜之，以求学问中之益，而人闻其候补官也，辄屏之不见，并不答拜。幸有流寓杨文会者，佛学、西学，海内有名，时相往还，差足自慰。凡此诸般苦恼困辱，皆能以定力耐之。独至自思我为何事而来，则终不能得其解。为君乎？为民乎？为友乎？以言乎贵，适以取贱；以言乎富，终必至于大贫。王铁珊言：“此出为一意皈依刘夫子耳，非为官也。”独嗣同无所皈依，殆过去生中，发此宏愿，一到人间，空无依倚之境，然后乃得坚强自植，勇猛精进耳。故官场所以不可来者，非有他也，不知其何所为而已矣。函丈既遇义宁公大善知识，留办湘矿，自足造福无量。伏愿不为出山之计，以葆潜龙之德。绂丞、淞芙诸同志，不知何在，皆上上等根器之再来人也。然不通佛学，则堕落地狱亦不甚难，惟大力扶掖之耳。衙参余暇，潦草作此。恭叩福安！

受业门人谭嗣同谨禀七月二十三日。时借寓杨彦�公馆，拟即赴苏州。九月当旋鄂。

是时金陵有居士石埭杨文会(仁山),博览佛乘,且通西学,海内知名,寄寓金陵之碑亭巷。(今碑亭巷屋宇,门额上有石额,题曰"金陵刻经处")以流通经典为己任,公时与之游,得以遍窥三藏。故吾家藏佛像、经典、法器甚多。

先祖母于民国十四年乙丑(1925)九月初七日逝世,越年余于祖母居室楼上,发现公遍物,用大小木箱数十件,又有用藤箱竹簏贮藏者。木箱中内贮瓷器、书籍、砚石、字画、古钱、古代刀剑及仪器、乐器、昆曲抄本等,并有旧式手枪等物。藤箱中则为佛像、法器(佛经佛像多"金陵刻经处"刻本)。竹簏中所藏计有六七只多系刊物,计有《申报》《时务报》《湘报》《湘学报》《知耻报》《知新报》《农学报》《算学报》等等,及英人丁韪良译《万国律例》、公演算草稿数十本(用毛边纸毛笔演算)、英日文字典、《新约全书》,及当日所谓格致书籍。木箱中书有湘乡曾国荃刊行之《王船山全书》,公亲批点,盖有"浏阳谭氏复子雠书"篆文印。观此可知公之嗜好与兴趣。先祖母深闭楼门将三十年,裱褙之件及书册,多被虫蠹,盖不愿重睹故物。

是年清廷采"以夷制夷"政策,特派重臣李鸿章代王之春为庆贺特使使俄,与俄罗斯秘密签订攻守同盟条约。

公于是年十一月二十一日返鄂一行,因湘省开锑矿事,拟与盛宣怀氏谈论，寻因盛意反复不决，迁移行期，公乃留鄂抚署中度岁。

按：谭嗣同与盛宣怀谈论开矿一事的时间是光绪二十三年，并非光绪二十二年。

八月间公在上海与梁启超、汪康年、宋恕、吴嘉瑞、孙宝瑄（益齐，孙宝琦弟），及胡惟志（仲巽）七人同映一照，或趺坐，或倚坐，或跽双足而坐，公则独袒右臂右膝着地，状类不一。梁氏印《仁学》时，公像即从此照中拍取。

越年公居金陵，又有一照片，公中立外着长衫，内着武士装，左方立者为邱菊圃先生，手执洞箫，右方双手捧剑者为先父也，时方九龄。

此像乃郑世伯（晟礼）见贻，郑为时务学堂学生。时余旅居首都，特将公照映出，分赠亲友，今人间流传武士装像，即此照也（像后有“金陵利涉桥二我轩”戳记）。

是年公开始撰《仁学》。

补注：《〈仁学〉自叙》：“仁”从二从人，相偶之义也。“元”从二从儿，“儿”古人字，是亦“仁”也。“无”，许说通“元”为“无”，是“无”亦从二从人，亦“仁”也。故言仁者不可不知元，而其功用可极于无。能为仁之元而神于无者有三：曰佛，曰孔，曰耶。佛能统孔、耶，而孔与耶仁同，所以仁不同。能调燮联融于孔与耶之间，则曰墨。周秦学者必曰孔、墨，孔、墨诚仁之一宗也。惟其尚俭非乐，似未足进于大同。然既标兼爱之旨，则其病亦自足相消，盖兼爱则人我如一，初非如世之专以尚俭非乐苦人也。故墨之尚俭非乐，自足与其兼爱相消，犹天元代数之以正负相消，无所于爱焉。墨有两派：一曰"任侠"，吾所谓"仁"也，在汉有党锢，在宋有永嘉，略得其一体；一曰"格致"，吾所谓"学"也，在秦有《吕览》，在汉有《淮南》，各识其偏端。仁而学，学而仁，今之士其勿为高速哉！盖即墨之两派，以近合孔、耶，远探佛法，亦云汰矣。

吾自少至壮，遍遭纲伦之厄，涵泳其苦，殆非生人所能任受；濒死累矣，而卒不死。由是益轻其生命，以为块然躯壳，除利人之外，复何足惜。深念高望，私怀墨子摩顶放踵之志矣。二三豪俊，亦时切亡教之忧，吾则窃不谓然。何者？教无可亡也。教而亡，必其教之本不足存，亡亦何恨。教之至者，极其量不过亡其名耳，其实固莫能亡矣。名非圣人之所争。"圣人"亦名也，圣人之名若姓皆名也。即吾之言"仁"言"学"，皆名也。名则无与于存亡。呼马，马应之可也；呼牛，牛应之可也；道在屎溺，佛法是干屎橛，无不可也。何者？皆名也，其实固莫能亡矣。惟有其实而不克既其实，使人反瞀于名实之为苦。以吾之遭，置之婆娑世界中，犹海之一涓滴耳，其苦何可胜道。窃揣历劫之下，度尽诸苦厄，或更语以今日此土之愚之弱之贫之一切苦，将笑为诳语而不复信，则何可不千一述之，为流涕哀号，强聒不舍，以速其冲决网罗，留作券剂耶？网罗重重，与虚空而无极。初当冲决利禄之网罗，次冲决俗学若考据、若词章之网罗，次冲决全球群学之网罗，次冲决君主之网罗，次冲决伦常之网罗，次冲决天之网罗，次冲决全球群教之网罗，终将冲决佛法之网罗。然真能冲决，亦自无网罗；真无网罗，乃可言冲决。故冲决网罗者，即是未尝冲决网罗。循环无端，道通为一，凡诵吾书，皆可于斯二语领之矣。

所惧智悲未圆，语多有漏。每思一义，理奥例赜，坌涌奔腾，际笔来会，急不暇择，修词易刺，止期直达所见，文词亦自不欲求工。况少有神悟，又决非此世间之语言文字所能曲达，乃至非此世间之脑气心思所能径至。此古之达人，悼夫词害意，意害志，所以宁终默尔也。庄不云乎，千世而一遇大圣人，知其解者犹旦暮也。夫既已著为篇章，即堕粗迹，而知解不易，犹至如此。何哉？良以一切格致新理，悉未萌芽，益复无由悟入，是以若彼其难焉。今则新学竞兴，民智渐辟，吾知地球之运，自苦向甘，吾惭吾书未餍观听，则将来之知解为谁，或有无洞抉幽隐之人，非所敢患矣。

成书凡五十篇，分为二卷，首界说二十七条。

华相众生自叙于虫虫虫天之微大弘弧精舍

梁在戊戌事变后，作先公传云："需次金陵者一年，闭户读书，窥探孔佛之精奥，会通群哲之心法，衍绎南海之宗旨，成《仁学》一书。"梁任公《三十自述》亦云："复生著《仁学》，每成一篇，辄相商榷。相与治佛，复生所以砥砺之者良厚。"

补注：参见本书卷首梁启超著《谭嗣同传》。

是时梁氏居沪，康南海亦来沪，公识康氏当在是年。

按：谭嗣同与康有为见面的时间不是光绪二十二年而是光绪二十三年八月底。

余曾见梁氏一短简："南海先生将归，顷在寓下，仁者能来此否?"余在故物堆中，发现梁致公三简，上称"复生仁者"，下款"超合十"，可能均居沪时作。时梁住沪上跑马厅泥城桥西新马路梅福里(丁文江编梁先生年谱长编"丙申"年中有记)，梁氏识谭从梁氏自所记计有四年，康氏识谭仅有三年。

训聪谨按：先祖之学，其始实承教欧阳师，其时公才十龄，五经诸史之教导，欧阳师实启沃之。欧阳师服膺衡阳王子之学，故号瓣姜，工诗，善六朝文，著有《瓣姜诗集》，其孙欧阳南杰(予倩)为之精工印行，此集余所见也。欧阳公办事力甚强，浏阳乙未旱荒，陈巡抚(宝箴)委公主办浏阳急赈，处事井然有条理(见陈巡抚子(三立)所撰先府君行状，载《散原精舍文集》第五卷117面)。先公终身师事之，上师书甚多。欧阳予倩在桂林时，特辑《谭嗣同书简》，今《全集》中载二十八书，据余所知不止此数(予倩曾送四本给余，不久均为戚友携去)。欧阳公后官广西省提法使，辛亥年卒于任所。欧阳公对广西着实有功。

涂舜丞师指导先公作诗文，据从伯传笈(芸阁)与余言，时值与公同事涂师。公幼年读书，十行俱下，我辈均望莫及。时公方十三岁，年实相若也。吾邑老宿卜鉴(心湖)亦为余言：伊曾任教小水陇李氏(李勤悫公兴锐第)，一日公至李氏登楼观书，速良惊人。事后举其所观者相询，先公一一举其要点相答，其记忆力可佩。此乃少年时事。民国成立后，萧县李公达抗战时期任浏阳县长，一日向余言："上东镇涂先生(舜丞)系令先公业师，在上东镇有圣人之目。"一日吾在公保大楼逢教育界国大代表鲁立刚先生询涂先生学行，鲁君亦上东镇人，鲁告曰："涂先生制行甚严，学宗程朱，文法桐城，其伯父辈均师之。"以鲁君证之，李之言可信也。(鲁君现健在，住台北市新店)子儒篙(质初)亦能世其学。

刘师名人熙，字蔚庐，号艮生，清代名进上。喜谈名理，崇宋代关中(张载)及永嘉(叶永心、陈亮)之道，刘师所好与欧阳师同。二人均崇信王子船山之学，但刘公豪爽，欧阳公蕴藉，赋性不同。刘公曾于民初主浏醴护国军事，卒年当在民国八、九年。民国八年，南北和谈在上海揭幕。(按：刘卒于1919年)一日午餐后，公默默尤言而卒（公季自瑞潞［通叔］曾向余言）。长子瑞泖（伯远）清甲辰举人，与茶陵谭公延闿同榜，曾任军政要职。次子瑞瀜，名医，制宪时国大代表，笃信佛教（密宗）。余居京汉时相过从。季子通叔（瑞潞）先生，抗战时任蓝田国立师范学院教授，每年至浏阳城，必在吾家盘桓半月有余，言诗言学，今余略识诗道，刘先生启之也。刘公于民国初年任湖南省长，继由各公法团体公推任督军之职，取其资望之高。时桂军陆荣廷、谭浩明部侵入湘省，刘公清末曾任广西省右江道，赞划革命，有功民族者也。刘公于光绪末年任河南省光州许州知州，见清政不纲，弃官归，任长沙府中学监督（长沙府中学即今日长郡中学，监督即今之校长）。刘公像余曾见及，戴白羽军帽，军服佩刀，有矍铄老将之状。善诗、工书、有著作及日记，余仅见到《亥子集》二本。通叔先生数约余往浏西枨市老屋读观公日记，余因循来往，实遗憾也。

我公之学，以日新为宗旨，革故鼎新。幼年时承受先圣先贤之思，又受时文（八股文）束缚；弱冠后，游历四方，时天下多故，见世道人心士习，困守故辙，墨守成规，且自私自大，不知变易，故致书其友贝元徵先生主张变通。

公学曾三变，少时欧阳师、涂师实启之，刘师实充之。后游四方，杨先生（仁山）、吴先生（雁舟）导之以禅学，又与西洋传教士研习科学，思虑为之日宏，思想亦因之日异。后又逢康氏梁氏，言大同之旨，三世之义，其学日新又新，此乃思想升华之期，然切非结晶之候也。

先祖子三十岁时曾有一信上刘师，载《石菊影庐笔识·思篇·三十》，论治学方法，刘公勉公肆力《论语》。

先公识康梁二氏之后，思想从此日趋变化。康氏为学之主旨，主公羊三世之说，礼运大同篇之经论，演成之进化史观。公是时笃好西学，故梁氏有信致其师云："谭复生才识明达，魄力绝伦，所见未有其此，惜佞西学过至，伯里玺天德之选也。"

是年公将三十年所撰诗文，编为旧学四种：一、《寥天一阁文》（寥天一阁在北京浏阳会馆，公幼年读书处）；二、《莽苍苍斋诗》；三、《石菊影庐笔识》；四、《远遗堂集外文》。编定文字，越年丁酉春金陵刊版。

是年作品，有《留别湘中同志诗八篇》《金陵听说法诗》《赠梁卓如诗四首》《酬宋（衡，又名恕）燕生见赠》《赠吴雁舟》《吏隐诗》《改官江苏》，及《秦淮河诸什》。

补注：《秋雨年华之馆丛脞书卷一·金陵听说法诗》：吴雁舟先生嘉瑞为余学佛第一导师，杨仁山先生文会为第二导师，乃大会于金陵，说甚深微妙之义，得未曾有。

火劫冰期接混茫，小之陵谷巨沧桑。有形潜逐人心改，创世

慈禧太后

谁怜我主忙。明日观身已非昨，微生归命向何方。文殊师利维摩诘，随顺重开大道场。

文殊师利维摩诘，一一云中自出音。各各分途戒定慧，亭亭三界去来今。乾坤尚毁易何有，神鬼不知心所深。愿为恒沙留剪偈，依然建业暮钟沈。

而为上首普观察，承佛威神说颂言。一任血田卖人子，独从性海救灵魂。纲伦梏以喀私德，法会极于巴力门。大地山河今领取，庵摩罗果掌中论。

厚地高天万想激，并澄亦遣想何曾。名言景教演三一，知觉治心论级层。密印自持百鬼穴，现身犹是半跏僧。俨然未散灵山会，智者而还续此镫。

又:《赠梁卓如诗四首》:大成大辟大雄氏，据乱升平及太平。五始当王讫麟获，三言不识了乡鸡鸣。人天帝网光中见，来去云孙脚下行。漫共龙蛙争寸土，从知教主亚洲生。

普遍根尘入刹那，茫无绝续感川波。眼帘绘影影非实，耳鼓萧声声已过。外道顽空徒尔许，凡人执著更如何。一真法界相容纳，海印分明万象罗。

虚空以太显诸仁，络定阎浮脑气筋。何者众生非佛性，但牵一发动全身。机铃地轴言微纬，吸力星林主有神。希卜梯西无著处，智悲香海返吾真。

祖龙、罗马东西帝,万古沈冤紫与蛙。伪礼谁攻秦博士,少年今见贾长沙。斯文未丧寄生国,公法居然卖饼家。闻道潮音最亲切,更从南海觅灵槎。

又:《酬宋燕生道长见报之作即用原韵》:居夷浮海一潜夫,佛肸、公山召岂徒。孔后言乖犹见义,(《春秋》志文俱晦浅者,或不识之。若夫见诸行事,如《论语》之深切著明,独无传者,何哉?)秦还禁弛亦无书。(秦变法而学与之俱变,非关挟书之禁也。居大道晦盲之际,则敢为一大言断之曰:三代下无可读之书,士读尽三代下书已不易,况又等于无读,黄种所以穷也。)以三五教圣长死,(伦而不言天人,已足杀尽忠臣孝子弟弟,于吞声饮泣莫可名言之中。乃复有纲之残酷济之,所谓流血遍地球,染大地作红色,未足泄数千年亿兆生灵之冤毒,悲夫!)此二千年闰小余。近喜宋忠开绝学,重编《世本》破睽孤。(今日急务,无有过于开学派者)

八福无闻道乃爽,悠悠谁是应先知?君修苦行甘阿鼻(其胆不敢入地狱,其才亦不堪成佛,书以此衡人,惟燕生其两能之,前生灼然苦行僧矣),我亦多生困辟支。兀者中分通国士,卑之犹可后王师。(燕生著有《卑识》)虚空一任天魔舞,高语乾坤某在斯。(同志渐多,气为之壮)

又:《送吴雁舟先生官贵州诗叙》:《诗》何为终《商颂》?曰:

先乎周。《书》何为终《秦誓》？曰：后乎周。不幸不先不后，则一衷之于《春秋》。鲁其有鸩，天下其有瘳。率斯以谈，圣人其有忧矣乎？又况二千年之苍赤递嬗，以有此茫茫下土方。于嗣同所往，名之曰吴江；于雁舟禅师所往，名之曰贵阳。名之焉云尔，吾乌能详矣。为纂录旧诗，甄其关宏恉者，赠以取别。嗟乎！人羊安有穷期，文实两俱不与。前有尧与舜，后有华盛顿。惟师正法眼藏，其诸深观之哉也。

又：《吏隐诗并序》：昔共唐筠庐说尘中扰扰，积厌苦之，复不知所由然，惟羁旅荒榛，无思无为，转以为适。此亦入世燕息时矣，然遂道长焉。筠庐笑谓涂隐，隐涂犹尔，况隐吏者乎？作《吏隐诗》。

铁肝将去世中磨，笑看堂堂岁月过。但见郑公殊妩媚，颇哀新息使婆娑。卖痴犹恨餐符少，入梦俄成呼栗多。奇伟何缘便流露，忽添一剑比摩诃。

四大从何著悲悯，哀哉天下国家身。禅深渐喜魔来扰，力定行看帝返真。婚宦轮回皆饿鬼，虚空粉碎有完人。紫阳夜半闻钟候，苦恼居然一众生。

又：《改官江苏》：乃有王郎在天壤，故令蒙叟著《逍遥》。死心越国难图霸，抉目吴门去看潮。江东旧是他家物，垂柳丝丝尽姓杨。淮水姓秦山姓蒋，前朝寸土不曾亡。

又，所谓《秦淮河诸什》，《全集》凡两见，皆为联语、题词类，其一《集词赋题秦淮画舫联语》：画里移舟，鸥边就梦；镜中人影，衣上天香。其一《集华严题秦淮水榭》：秦淮水榭，为江南官吏征歌之地，偶拈《华严》第五大愿，颜曰"了非"，复集第二行第五愿作两楹联语：天女姝丽，皆于五欲善行方便；妓乐聚会，当愿众生以法自娱。云云。

是年《时务报》成立，利用强学会余款，七月一日刊行于上海，新会梁启超主笔政，钱塘汪康年任经理。

严复刊行所译《天演论》，发挥优胜劣败之说，轰动学术界。

光绪二十三年，丁酉（1897），三十三岁

上年冬十月公返鄂一行，候盛宣怀来汉口商讨开发湘矿，盛迁移行期，公乃留鄂度岁。是年新正九日，公重赴金陵，乘鄂督署楚材兵轮东驶，此行携眷属，奉寡嫂（嗣襄公配黎氏），挈侄儿女（先父传炜及适扬州魏氏姑母），同行者有黄徵（颖初）、刘善涵（淞芙）两先生。忽船胶三日，遥睇庐山、公慨然有作。正月十七日方抵金陵，起坡寓东关头新租公馆。到达后，有上鄂督张孝达（之洞）笺以表谢忱。盖楚材兵轮系鄂总督部堂所辖。

是年二月中，公奉委派江南筹防局提调（筹防局清末设立，江南筹防局总管长江江防，设有总办，提调承总办命办事）。公奉委后，有信上欧阳师云：“筹防局今无事可办，容俟秋后或有事做。”今全集中未列此信。

是年二月中旬，曾赴上海一行，送老父敬甫公入京陛见，旋返金陵。

公春在鄂时，曾与湘乡张通典（伯纯——张默君父）、吴铁樵两君商量，在汉口创办《民听报》。来金陵后，又与汪康年一再函商，拟向《时务报》贷款，但无结果。

补注：致汪康年书信云：穰卿先生鉴：昨刚由郑苏龛兄带上一函，并致梁卓如兄买经余款数元数角，计收到矣。过年颇复忙否？兴居万福为慰！去岁在鄂时，湘乡吴季甄来言，闻公云前者我辈同照之像，不能分别晒印，嗣同初不过高兴语耳，不必妄生分别也。能否再印一全张见寄否？乞留意。

嗣同前与伯纯、铁樵商量，于汉口设一《民听报》，每日一张，但筹款大难。顷来金陵，四处多方诱惑，竟不能招一人，集一钱，或反从而笑之。六朝名胜地，乃尔俗陋耶！此事全仗鄂中筹款矣。嗣同谬拟一张报式寄上，希酌之。去年吴雁翁到金陵，述卓如兄言，有韩无首大善知识，将为香港《民报》，属嗣同畅演宗风，敷陈大义。斯事体大，未敢率尔，且亦不暇也。近始操觚为之，孤心万端，触绪纷出。非精探性天之大原，不能写出此数千年之祸象，与今日宜扫荡桎梏冲决网罗之故，便觉剌剌不能休，已得

康有为、梁启超合影

数十篇矣。少迟当寄上。居今之世,吾辈力量所能为者,要无能过撰文登报之善矣。而遇乡党拘墟之士,辄谓报章体裁,古所无有,时时以文例绳之。嗣同辨不胜辨,因为一《报章总宇宙之文说》以示人,在湘中诸捷给口辨之士,而竟无以难也。今检以寄呈,可登诸贵报否?又同县黎少谷老,一生考究农学,大有所得,著有《浏阳土产表》。曩与公言之,今始录得,亦寄上,请转付农务会。(仍发还则愈好)表言土产及货物。于农学亦微有别,依嗣同之见,亦请登贵报何如?使天下人皆知考察之道,亦大开风气之法。

刘淞芙同到此间,共学良不寂寞,渠二三月间必来上海奉谒也。渠又言《浏阳算学社章程》一通,曾经寄上,不识收到否?此章程亦嗣同违众硬做者。去年尚系私结之社,极有效验;今年风气愈开,竟动本县公款,特设一书院,名算学馆,千回百折,始做到如此地步。任事之人,如欧阳节吾师,可谓难矣,然居此时,能成一事,亦是大奇。湘乡东山书院,亦援浏阳之例而兴,浏阳可云为天下先。拟撰《浏阳兴算始末记》一首,殆欲《民听报》中见之。曹子桓有言:“君知我喜否?”思至此不觉起舞矣。

谭嗣同顿首正月十八日

此信收到,望寄一回信。

卓如先生同此未另,又致孙仲瑜一纸,乞交之。

正封函间，叶君交下尊函，内信一纸，时事二纸，新印地图一纸，今择欲复者条列于后：合肥与摩根所立合同，去年在鄂曾细阅之，立意极灵巧，毫无流弊，亦开矿之良法也。且年限满后，机器及矿学堂，一切均归为中国独有，不意政府中故意与合肥为难，故有此变。

《农学报》出时，务乞见寄，《广时务报》亦希寄。农学会章程若何？考究各处土产，须有简要之法，此次寄上嗣同所为土产表叙，自视亦殊不菲薄也。

顾瑗殆仰承徐掌院之意旨，豫藩则真无赖矣，将来终属可虑。故嗣同去春会议时，主靖外国招牌，正为此也。《民听报》若成，竟是美商矣。铁樵深怪贵馆不当与《广时务馆》粘连一片，恐一被弹而两俱废也。此其关键甚微而甚大，高明宜早筹之！

是年公居金陵悉心讲求新知，并任《时务报》董事，专撰论文。又约福州郑孝胥（苏龛），山阴缪荃孙（小山），合肥蒯光典（礼卿），石埭杨文会（仁山），南陵徐乃昌（积馀）及刘世衍（聚卿），茅子贞诸氏结一测量会，但郑孝胥辞未参加。余曾见郑来信，书法精妙，信中云："旧学英测未成，俟异日到沪，与英人研习，再图入会。"公有信致汪康年，商讨购仪器事。

补注：再致汪康年等书信云：穰卿、少穆、伯严三公同鉴：今日返金陵，即往杨仁山先生处（穰公嘱带信件交讫），阅所存仪器,另纸详录,应用某件,祈速覆,因常有人来买也。(此间西人所设之学堂,已买去不少,并稍其价廉)前龙積之兄属购仪器,嗣同应以嗣同湘人,于湘事不无私见,俟时务学堂择购之余,方能相让。此单请酌定某宗应买,用笔圈出,余乞转交積之兄择购,见示并乞致意,未另作函也。(单中皆赘以鄙说,乞酌之)机器木样据称无有,即在外国亦不易买。(惟博物院中有之,亦不卖)

机器图及各种格致之图、各种货物图(兼有农学器具图),约计不下千數百张,惟现在尚未清出,俟五六月渠之新屋造成,地方较宽,方能检齐。嗣同念所费无多,已代订全买只说,以免分卖与兴人。

算学形体方圆尖斜等木块样式,可数百件,亦须五六月方能检齐,嗣同亦允全买。

以上二宗,所费不多,故能代决,如湖南不用,则请转问积之要否。(因二宗皆未取出,不肯言价,以愚息度之,当不过百数十元耳)

此外尚有甚精之小仪器数件,自己留用,坚不肯卖。嗣同商以托购于外洋,据云,现亦无熟人可托。(不能用仪器者,即不能辨识也。拟俟杨将各图检齐后,看少若干,再行设法添购图器)寻常画图仪器,能有多分,然上海洋行家家有卖,每分至贵不果十数元,似不必于此间买也。

其余应添买之件，似可商之钟鹤生、贾步伟诸人，应添购何件，即托上海洋行往外洋订购。然以愚意计之，仅用以测天、测地而著之于图，则所差亦自无几，约须添购夺林仪（带测向盘者价二三十元）、度时表（价必需三百金者方合用，测量家最不可少，且须两具比较）、带佛逆之寒暑表、水银风雨表、空气风雨表、测高空气风雨表、燥湿表（以上均须两具）、量风器、量两器（每件精者数十元，或数元），测量家皆不可少者。

嗣同于仪器亦颇考究，然不过知测天、测地、绘图三种，杨所藏亦止此三种，若仅以测地绘图，则所用不多。（亦须测天，不过可少粗耳）至于测天以及行海，则必须至精者。精者颇难辨识，嗣同亦不敢自信，惟知其价皆甚廉，较之买于外洋，可省十之三四不等。（惟少旧，然无碍也）如欲买，则须觅一精解仪器之人来此细看，兼令携带回湘，以便途中照料。否则函商沅帆，（杨所有仪器，沅帆均见遇，且用过）令其决择亦可。（收藏仪器，时常需人管理收拾，沅帆处当可得此等人也）杨自制之天地球，要几对？每对十数元（必应买）。天地球图，嗣同昨带交穰公一卷，可择取。图有廉者，上海买者除地图外，尚有天文图、地学图、矿石图、水学图、火学图、电学图、化学图、全体图（医院中颇多，皆极佳）、百鸟图、百兽图、百虫图、百鱼图、重学图、植物图等，皆华文。矿石图嗣同亦要二分，乞穰公代买寄下为叩。

洋笔、洋墨等可多买，不但供学洋文之用，兼备画图也。

嗣同自刻《测量日记》样式寄上一纸，（记得报馆中尚存有一本，故得抽出，缘信太厚也。）以备采择。惜所撰《测量会章程》，于测量颇详实，方取回又遗失矣。然有沅帆之专门名家在湘中，不患不得法也。

以上皆乞速复，并转请积之兄作复。此请道安！

谭嗣同顿首四月二十二日夜

是年湘抚陈宝箴（右铭）一再促公返湖南，公于十月间弃官离金陵，独自回湘，赞助新政。

秋季时务学堂成立，其时吴县江建霞任湖南学政，江公聘公与凤凰熊公希龄（秉三）分任总理绅。校务由熊负责主持，公负赞划之责。总理绅一职即今日之校长。经费由湘省负担，其补助经费则由江督刘坤一（岘庄）拨湘岸盐七千元，时督销局总办易顺鼎（实甫）仅允拨五千元，公即致函在籍侍郎龙湛霖（芝生）子绂瑞（萸溪），恳龙侍郎向刘督争取。今公致黄溪信余尚保存石印本，事可复拨。此事之先由熊秉三、蒋少穆二氏在宁面恳刘公，非公之独力也。

又一再函《时务报》汪康年氏，促请梁氏启超、李氏维格（一琴）来湘任中西总教习，请唐才常氏任中文分教习。康南海弟子韩文举（树园）、叶觉迈（湘南）、欧榘甲（云樵）亦相率来湘，均任分教习，以经子史及西学教士。经史以公羊、孟子为主；西学重算学、测量，并述民权、自由之理，开发学子之新知，缘此守旧人士侧目而视。时肄业学子仅四十余人，林圭、李炳寰（林李二君后追随唐师才常，死庚子之难）、蔡艮寅（民国时代之蔡锷）、范源廉、郑晟礼（日后均留学日本，范于民国时任教育总长，郑则在大学任教）、唐才中、唐才质兄弟（均才常烈士胞弟，才中死国难，才质曾一度任吉隆坡总领事，晚年任外交部条约委员）、杨树达（后任湖南大学教授）。黄敦鬳则任公职。时诸学士均住校（学堂设在长沙城中辕门西街——后何健主湘政时，辕门西街辟为中山西路，校址成为旅社一泰豫旅馆）。当时学子上课，必自写笔记。总分教习均崇陆王之学，言心性，辟民族大义。有时即发《明夷待访录》《铁函心史》《扬州十日记》等书作课外读物。因学士住校内，笔记均在课中作，故外界人不得而知。年假归省，笔记始流传于外，缘此守旧人士见之大哗。

时在籍前国子监祭酒王先谦氏（益吾）责其施教不当。王祭酒湘中耆宿，与先曾祖敬甫公有交谊，公以后学事之，故时务学堂立案时王亦署名。笔记传出后，于是守旧人物叶德辉及王公高弟子江苏舆等编《翼教丛编》，诋毁新学，尤以聘请梁氏来湘主讲不当。

近人黄彰健所写《戊戌政变研究》中有一段文字，今节录如下："谭少年时，痛恨湘人之守旧，在甲午战争前，谋所以变通之，恒独坐彻夜，苦无藉手。及甲午后之越年，湘省大军大溃于牛庄，湘省士气为之摇动，其虚骄气为之顿馁。谭私心忖度，认为从此湘省士大夫可以破弃守旧骄溢之风。时唐才常、刘善涵两君子正肄业两湖书院，三人为此事常有聚集。故唐有禀上其父云：'时文一道，将来必成废物。惟算学须讲求。'今日受制外洋者，实由机器制造落伍，测绘驾驶放炮准头不如人，如人坐井中，不知天之高大，动辄自大。读书之士自以通词章，明经术，能作八股文自鸣为高，非深知时变也。"

后唐、刘返浏，拟组设算书社，无人理会。故谭氏有长函上欧阳师，恳师出面提倡，实非为一良谋，其用心良苦。其时老儒亦多反对，浏阳陈长櫑（曼秋）太史，外放湖北为宜都县令，亦致书欧阳师表示反对，尤以改县城南台书院课程最为反感。幸江学政力赞其成，事卒无恙。

补注：《秋雨年华之馆从脞书卷一·浏阳兴算记》：中国沿元、明之制，号十八行省，而湖南独以疾恶洋务名于地球。及究其洋务之谓，则皆今日切要之大政事，惟无教化之土番野蛮或不识之，何湖南乃尔陋耶？然闻世之称精解洋务，又必曰湘阴郭筠仙侍郎、湘乡曾劼刚侍郎，虽西国亦云然。两侍郎可为湖南光矣，湖南人又丑诋焉，若是乎名实之不相契也。

嗣同少即引为深病，睹西书，独酷嗜若性成，求通算术亦未尝去诸怀。光绪二十一年，湘军与日本战，大溃于牛庄，湖南人始转侧豁瘖，其虚骄不可向迩之气亦顿馁矣。嗣同内计，乘此导之，亦千世而一时也。

浏阳俗贵谨厚，以湘军之盛时犹不得分其末光，则终亦无由渐其恶习。时方侍节湖北，而唐君绂丞、刘君淞芙亦适在两湖书院，因日与往复图议所以导之者，愈谓自算学始。唐、刘归述于县人，皆莫之应。

嗣同乃为书数万言上欧阳瓣姜师，请废经课，兼分南台书院膏火兴算学、格致，师以抵涂大囿师，则皆谓然。邹君岳生力筹经费，岁可得六百千钱。嗣同复为章程一通，寄瓣姜师。

章程曰：夫非常之原，必核实以期共信，而兴事之始，贵循序以渐扩充，故量力而后不窘于财，用足而后可垂于久。今议立算学格致馆，筹得岁费六百千钱，谨以此为率，议开创、经常章程各若干条，划一于后。

同时公又商之陈抚设南学会，南学会设立之目的：一、集中湘绅商议湘省地方行政，力求便民利民；二、伸张民权，推行新政，实为湘省议会。任公为学长，公聘今文学家长沙皮锡瑞（鹿门）主讲。又筹谋设立《湘报》日刊及《湘学报》旬报，以诱迪湘民之新知。同时又为上海《时务报》及《湘报》撰文。

是时公将少年时贮存浏阳书籍及日后所购书籍，悉数捐与南学会。此时公有信致夫人，信中言："我捐的是自己的书，和父亲大人书无涉，大人的书全存梅花巷祠堂楼上，已禀请派员检点。"南学会藏书后被查封。光绪三十年满人端方（午桥）抚湘，遂以此书为基点，设立图书馆。清亡，设立湖南省立图书馆，馆址在教育会右侧，左方增设博物馆。民国十九年因战火两馆全毁。余忆最后图书馆长为醴陵傅君剑（南社中人物），博物馆长则为同邑曾君省斋。曾君毕业于武汉高级师范学校，研习博物。曾君仍健在，住台北市新店镇。

是年四月，吴君铁樵病殁，公撰有《吴铁樵传》，文载公集中。湘乡张通典有函致公，伤吴君之死，并附其所挽联，文长余今不能忆及。

补注：《吴铁樵传》：中国遂乃不可为乎？然则吾又将奚适也！去年客京师，王正谊遮而说之曰："吾子睊睊然狼顾而鹗视，夫果奚适也？吾一以子为农可乎？且子不闻燕、赵之士，任侠重然诺，勇于私斗而敢死。居平臂鹰走狗，歌声乌乌，酒酣擎剑，见事风生。为闾里之患。夫彼皆农材也，而吾皆能鞭挟之，鞶控之。今夫出居庸塞而北，线边而东，满、蒙、奉、吉之原，广莫千里，芜草如毳，林莽丛灌，鸷野所都。吾将大市骆驼牛马羊，召彼使牧之。逐水草而居，且耕且猎，支幕以为宫室，湩酪以御饥渴，请尽使奉吾子。不然，即蓄而息之，贷其骆驼牛马羊，归以共赀结士子，能为马新息乎？”嗣同既不顾而去，归遇吴铁樵于武昌。铁樵乃复大言农学。洞庭之南，有新洲焉，铁樵谋悉垦而辟之，以栖吾属同志之士。梁启超曰：“巴西亦美洲大国也，土满而不治，召我中国之农农焉。苟群而往，将以中国之农塞其国。”而朱琪闻之笑曰：“奚其远适为也？迩吾粤海，有茶山焉。不惟茶山，南洋之如茶山者，不可胜计，是皆可以巴西之也。”嗣同内计吾将奚适也？俄罗斯既订约假道满、蒙，凡农矿畜牧林薮虞衡之利，彼皆将专之，固无所措吾足。巴西、茶山，远者数万坚，近亦万里，非吾所得而农也。洞庭之滨，吾家在焉。铁樵能农，吾其终依铁樵，而铁樵竟死。

铁樵名樵，铁樵其字，四川达县人也。父德潇，为世大儒，令知县浙江之山阴。铁樵死以光绪二十三年四月二十一日，年三十二。嗣同初不识铁樵，亦于京师偶遇之。片言即合，有若夙契。嗣同甚乐铁樵，又钦其父名，因铁樵请见，连不值。既得见，则三年前对语终日而各不知姓名之季清先生也。相与抚掌大笑，剧谈略数万言不得休息。铁樵亦大诧，以为奇遇，以长铁樵一岁，父事季清先生而弟铁樵。过从日密，偶不见，则互相趋。所谓燕、赵之士，任侠重然诺者，益相助物色而罗致之。铁樵于学，无所不窥，古今之变，中外之故，天人之际，性道之原，靡不贯穴奥赜，而达之亹亹。童年即精算术，若由天授。元代微积，不师而能谈；几何条段，如出掌而目数其指。由是遂通西儒所谓格致学，尽能习其器而名其物，谁谓吾中国人莫彼若也？然铁樵不惟学而已，又多智略。体貌甚伟，有仪可象，骨开张而气沈肃，目精炯炯然，遇疑难数语而决。处事闲暇，初若无所为，而智烛几先，罔难罔巨，虽极之至纤至悉，无不秩秩就理。日啬其休养，而忘其身以救人。其所擘画，若报馆，若女学，若机厂，若矿产，若农田，虽不即举，而条理毕具。南皮张督部将召而用之，而义宁陈抚部则使治矿，极中国之所谓通人，或无以过。则莫不争愿其共治事，可谓才士也已。嗣同之知，不足以少概铁樵，而既荦荦已如此。

铁樵之疾也，咸谓铁樵必不死。铁樵非有甚疾也，即不药，铁樵必不死。铁樵连误服药，意其体壮实，其脏腑能抵拒之，铁樵必不死。既不然，中国不有铁樵；中国有铁樵，则中国之事之待于铁樵者，不知凡几，铁樵必不死。而铁樵竟死。然则吾又将奚适也！

又作《江上闻笛诗奉怀陈义宁公（湘抚——陈宝箴）也连辱见招竟不自拔》《阻风洞庭湖赠李君时敏》诸作。

补注：《秋雨年华之馆丛脞书卷一·江上闻笛诗奉怀陈义宁公也连辱见招竟不自拔》：亡命向江海，柯亭十六椽。世无马南郡，黄鹤自翛然。夜久风嬉水，天寒月吊烟。自为厨下爨，太息累名贤。

又：《秋雨年华之馆丛脞书卷二·阻风洞庭湖赠李君时敏》：风号水泂格行舟，江海茫茫路阻修。漫拟平原亲舐血，何赏乐布往祠头。圣朝未有鸱夷罚，高冢应伴鹦鹉洲。沈痛侧身天地里，只鸡绵酒荐兰羞。

中原击楫几何时，廊庙伊谁发杀机。岂有党人危社稷？竟教清议付诸夷。令名寿考原难并，郭太、申屠匪所思。忍绝读书真种子，先生如此我安归？

冰鹭将毋事定天，一腔热血负奇冤。岁星小隐依金马，甘露何辜累玉川。涑水谬蒙奸党目，椒山从此姓名传。揭来千里斋磨镜，了却平生愿执鞭。

回首当年讲院中，欲从万里借长风。未如文采干元礼，只有皇元识太冲。援晚可怜成画虎，郊寒苦恨不为龙。那知无限伤心泪，积向今朝哭碧空。

《江行感旧诗四首并引》，亦当作于此年。时李公（篁仙）卒于芜湖道署，遗榇运还长沙河西区，此下窆时有感而作。又有《壮飞楼治事篇》载于《湘学报》中。

补注：《秋雨年华之馆丛脞书卷一·江行感旧诗并引》：《江行感旧诗》，哀外舅家也。外舅李篁仙先生，以名进士官京曹，为权相中伤下狱。既昭雪，改官湖北，则十六年不奉檄，晚乃一权汉黄德道。又改安徽，两权安庐滁和道、徽宁池太广道。年既七十，行卒矣，宦迹不离大江之南。嗣同流寓奔驰，辄易合并，栖止甥馆，颇遂观览。于晴门祚鼎盛，饬肃穆雍。外舅暨外姑中江王夫人，恩礼稠至。内外群从，率皆豪俊。登山临水，觞泳不绝。剑客奇才，献技在门。一童工书，一仆善棋，府史吏卒，傲脱不俗，所谓卖菜佣皆有六朝烟水气矣。芳时宛谢，雨绝霜凋，子女十余辈皆前殁，外姑亦相继下世，隆隆炎炎，惟存一妾而已！昨与内子送葬归，道前外姑湘阴蒋夫人、宛平王夫人墓下，四尺封颓，夷陵于谷，更数十年，新冢行亦如斯，曷胜悼焉！青春北行，践履陈迹。丘山华屋，遇拟羊昙。茫茫百端，感深卫玠。行歌且谣，未喻衔悲。

面上青青草又生，土中玉树恨难平。西州门尚无多路，奈此江南十数程。

萧萧芦荻濡须坞，昔日清游此最佳。妄拟猿公同话旧，干将池上渺予怀。

冰玉澄鲜愧独顽，可儿豪胆镇相关。悲秋剩有桓宣武，雪涕重经战岛山。

花落棠梨冷券台，过车谁为翦蒿莱。年时鸡酒弥珍重，曾自乔公墓下来。

又:《壮飞楼治事篇·第一·释名》:治事者何?无事而思事治也。无事曷言乎事治?发于至性之不容已也,曰庶几焉尔。事何以治?治于实。而今且委其系于名,天下皆惧名,吾乃不敢言名。则甚矣名之为状也无朕,而震骇人至易荧也。《庄》曰:"朝三暮四,朝四暮三。非指喻指,非马喻马,寓言十九,卮言日出。"乍而观之,鲜不以为童窥而婴戏,而人情亦卒不能不转移于是。呜呼!实则犹是也,名小异耳,而人情亦卒不能不转移于是。是可以识治事之道矣。

今夫翘希世之瑰宝以示野人曰:"汝盍往取是。"则色然喜。或曰:"瓦砾也。"则又废然返。其实未始或异,而缘于名以为忻厌,野人之无识者然也。

自中外开通以后,因俗间呼海为洋,于是有洋务之名。凡一切来自他国者,与本国所有而少新颖者,悉以洋字冠之。浸淫既久,遂失其本义,而流为弹抵詈辱之名,其实了无所谓洋务,皆中国应办之实事。为抵御他国计在此,即不为他国,亦不能竟废此也。世顾诬以洋务也而惊疑之,唾弃之。曰:"夷也夷也。"一夫倡之,千夫和之,流衍无极,锢蔽无终。及究其所惊疑而唾弃者,甚且不自知为何等事,特掠闻其名而已矣。然则苟易一名,不将背其朔而更为取舍乎哉!(南海康工部以《新学伪经考》为一世所排,几构奇祸。嗣同常谓之曰:"排君者何尝读君之书哉!特眩于'伪经'二字,遂诋为非圣耳。向使不名'伪经考'而名'真经考',必皆相率而奉之矣。"又会之一事,迂儒所大忌也,然农学会则或相忘而和之。朱强父曰:"彼仅睹农学二字诧为务本,遂忘其下尚有一'会'字"。悲夫!今世之号称儒者之脑气筋,其繁简之数,大略在非、澳之间,虽少有知觉而不甚完备。闻一言,见一事,知十遗五,挂一漏万,顾此失彼,日不暇给,又复矜其名,不察其实。故谬陋犷悍,颠倒可笑,至于如此!)

吾是以痛夫世之为名敝也,将以实救之。以实,则一切不为其名,惟择其于今可行者著焉。名之为祸也,徒使同类操戈,苦争斗,而明授人以可乘之隙。骊山议瓜之祸,久为炯戒,无待论矣。昔某公率军与石达开遇,石索战,某腐书劝降。石答书逾万言,词旨激越,行文颇复修饬。某谓其可以文词动也,更以书抵之。日盼其答,不复为备,已而杳然。忽一骑兵摩垒呼曰:"复书至矣!"急开壁,则铁骑直冲,万弩齐发,某遂大败,仅以身免。夫火然及眉睫,存亡在呼吸,岂从容辩论、空言相胜之时哉,袖刃而旁笑,何时无其人?吾尤为争孔子改制、文王受命称王者惧也。

梁启超氏于丁酉年冬季来湘,在时务学堂主讲,戊戌春间离湘。三月梁氏入京参加康南海氏召开之保国会。

是年五月,黄遵宪(公度)授盐法长宝道,六月来湘,后兼署按察使。八月,徐仁铸(研甫)奉命来湘督学(原任学政为吴县江标)。时德军出兵强占山东半岛胶州湾,清廷正苦应付。俄国则据辽东半岛,强索大连旅顺。事见清太傅翁同龢先生日记。

是年康有为氏再上书,恳请速定国是,并得面觐清帝。同年六月,公侄女(嗣襄公次女)出嫁扬州魏慕陶,了公一件心事。

光绪二十四年,戊戌(1898),三十四岁

是年京师元旦见日食,林旭有《江亭即事》诗。诗载陈衍编《石遗诗话》。

春正月,公由鄂赴金陵迎眷返湘,在长沙小住,即送家眷返浏邑。此年公致夫人信最多,大约有数十封,内中有涉及东渡日本事。函中言及,"东行须俟姚锡光(石泉)电,大约可以不去矣。"又有一封言捐款办女学堂事,及订阅《女学报》和寄不缠足会章程等。公为夫人捐款百金,每年经常费十金,名标第一。女学堂等办事,由经元善前辈(经亨颐之父)主持,有石印捐册寄来,捐册于民国十九年遗失。

是年二月,南学会开讲(南学会址,人言昔为孝廉堂,地名六堆子,后改建为湖南建设厅。抗战胜利后,又改建为湖南社会处)。

南学会讲学讲题分四项:一、学术,由善化皮锡瑞(鹿门)主讲。二、政教,由梅县黄遵宪(公度)主讲。三、人文,由公自任。

翁同龢

四、舆地，由新化邹化钧(甄伯)主讲。讲词均登载《湘学报》。公有讲稿四篇;一、论中国情势之危急;二、论今日西学与中国之古学;二、论学者不当骄人;四、论全体学。

是时国事日棘，朝廷无善策卫民。康南海氏上年陈书得达帝前,《湘报》载其文。先公赞康氏之才,言其识力为清代开国二百六十年来所未有。因此守旧人士大为不满,即维新人士亦有不以为然者。缘此湘省党争日激,纠纷日多。时因时务学堂札记外泄,旧派执此攻击新派。鄂督张之洞认为不当,值左都御史长沙徐树铭上折弹劾陈抚,张督亦有电致陈公,干涉《湘报》言论。

于是张督刊行《劝学篇》,力主忠君,反对民权;言为学之方,应以“中学为体,西学为用”。虽有维新之心,仍存卫道之想。张以体为道,以用为器;与公倡民权,道器应配合之论,大相径庭。

张督深爱公才,特委公主办湖南机器制茶事,创立“焙茶公司”。鄂省委候补道员朱滋泽筹备,湘省委公,盖欲公不参与党争(张督与公父敬甫公同寅,时敬甫公任湖北巡抚)。时公主持南学会,又任时务学堂总理绅,奉委之后,以父执之意难却,即开始筹划。此戊戌年闰三月时事。

是年三月,梁启超因病离湘,赴沪就医(见丁文江所辑《梁氏年谱长编》)。梁氏在时务学堂任中文总教习,主讲公羊、孟子。计梁在湘任教三个月左右,先有王猷煖上王先谦书云:“康弟子梁启超来湘主讲,专以民权平等,无父无君之说为宗旨”,随后长沙徐树铭御史上折弹劾陈抚及江标、徐仁铸、梁启超等。张督幕府中人士梁鼎芬(节庵)亦桴鼓相应,因而涉及熊希龄、唐才常并攻击先公。此戊戌年四月时事，于是张督电陈抚调阅时务学堂札记。公时值返浏阳，有上欧阳师书谈论此事（戊戌年五月）。

公于春夏间返浏阳原籍一行，纠合同志建立学会，命名曰“群萌”，其实乃南学会之分会。公并作《群萌学会序》，其要点摘录如下：

一、言学会之重要，浏阳至今日尚无学会，“不有学会，是新学无得而治也。治而不能联群通力，犹不治也”。

二、言群萌学会之宗旨，志在联群，联群则可产生力量，化小面大，化难成易。

补注：《群萌学会叙》：合中国十八行省，上自朝廷，下逮草野，大夫庶士，搢绅先生，越百执事，至于氓隶，称东事之后，能大变其风气，联群通力，发愤自强，以治新学者，必首湖南。虽远在泰东、泰西，则亦云尔。而湖南合数十府厅州县，上自院司，下逮草野，大夫庶士，搢绅先生，越百执事，至于氓隶，称东事之后，能大变其风气，力倡联群通力，发愤自强，以治新学之说者，必首浏阳。虽远在外省，能稔习其端末者，则亦云尔。呜呼！此非有他故，马关之约初成，浏阳即有以书院改肄算学格致之请为少先耳。

然而湖南省会，既大张新学，有若南学会，有若校经学会，有若时务学堂，有若武备学堂，有若方言学堂，有若课吏馆，有若保卫局，有若机器制造公司，有若旬报馆，有若日报馆，有若各书院之改课，骎骎乎文化日辟矣。独吾浏阳乃至今而不有学会。不有学会，是新学无得而治也。治而不能联群通力，犹不治也。今夫有物百钧，一人举之不足，数人、数十人举之，斯举之矣。有草一莛，孺子折之有余，束数十数百万莛，壮夫莫谁何焉。有书万卷，十年读之，莫能通其义，数十、数百人分任之，可计日而毕业矣。万事万物，莫不以群而强，以孤而败，类有然也。独吾浏阳，至今而不有学会，发议方在人前，而征实转居人后，能言而不能行，毋亦多士之耻辱矣乎！

黎君少谷、唐君绂丞、欧阳君笠耕诸君子乃愤然曰："独吾浏阳至今而不有学会，吾过矣！吾过矣！夫奚辞？"走书縢说，搜伦索偶，相地筮日，鸠赀简器，臭味翕袭，图册奔会，于是遂有群萌学会。志在群矣，然不敢必人之不我遐弃也，曰："萌芽焉尔。同方同志之君子，庶几悯其弱而扶掖之，而启迪之，不无汰心焉。"谭嗣同闻之曰：其然其然，又不惟然也。夫群者学会之体，而智者学会之用。吾方奉义宁抚部之檄，从事于南学会。义宁之志，将以学会群湖南者智湖南，又以智湖南者智中国。然而南学会仅设于省城，其群未得遽广，其所智亦有所域。吾意必使数十府厅州县，皆有学会，皆隶属于南学会。上下相亲，权力相平，长短相剂，学业相益，总一省之心思才力，而为一群一智。然后可进言他省，则内政不足修，外患不足弭也。顾吾浏阳，近在百里，乃至今而不有学会，吾谁与言群，复谁与言智哉？不图偶尔假归，适值群萌学会之成，此所以为群喜，为智喜，为浏阳喜，为湖南喜，为中国喜，更私为吾所从事之南学会喜，而奋笔鼓舌，乐叙其缘起如此。

附录：群萌学会章程

第一条　命名　本会以群萌为名，盖因群学可由此而萌也，他日合群既广，即竟称为群学会。

第二条　命意　本学会以辅仁益智为主义而兼敦友睦任恤之风，凡此皆非合群不为功也。

第三条　会地　本学会暂行租屋开办，俟经费充裕，再专置房屋。

第四条　会董　本学会议立长年在县城居住之人为会董，会中诸事归其主持，更立副董事数人协同办理，均须时常到会。

第五条　住会　本学会专聘一人，长年在会居住，照料一切，兼管书籍。

第六条　年限　本学会会董及副董事诸人，应立定年限，几年一易，俟开办数年后再议。

第七条　会友　凡愿入本学会者，概名为会友，会友须由会董及副董事察其读书明理，品行无疵。无论士农工商，皆可入会。

第八条　助资　本学会系由同志数人捐资举办,故经费异常支绌,不能不望会友助力。凡入会者,皆请量力捐资,至少以一串钱为度,或捐书器亦可。

第九条　册籍　本学会设立册籍,凡入会者皆请登名;所捐银钱书器皆分册登记。

第十条　登报　本学会会友名姓及所捐银钱书器等项,皆随时登录《湘报》,以彰好义;会中所办之事,亦可择要登报。

第十一条　账目　本学会出入银钱账目,可任会友随时到会查考。每届年终,将账目清单登诸《湘报》,以昭大信。

第十二条　藏书　本学会愿办之事甚多,现苦力莫能逮,故先从藏书办起。所藏之书可任会友到会读阅,惟不得出借会外人,并不许到会读阅。

第十三条　看书　凡会友愿来本学会看书者,须先到会董或副董事处报名,由会董或副董事查明果系会友,方许登楼看书。

第十四条　领书　凡会友来看书者,欲看某书,先写一名条,书明借阅某书几本,交与管书人,管书人即照条发给,在楼阅看。去时须将原书仍交明管书人,随即掣回名条。

第十五条　款待　凡会友来本学会或登楼看书者,本学会惟备清茶而已，且日暮即请自便，以便关锁楼门，谨防火烛。

第十六条　藏器　本学会除藏书外，仍陆续购备仪器，以供讲求。

第十七条　禁例　凡本学会会友皆不得在本学会诽谤讪上，及作为分内所不应为之事，更不得借学会声名，在外猖狂招摇、劝捐借债及赊买物件等事。

第十八条　章程　此项章程系因试办而设，日后会巨事繁，可随时公议增删改订。

是年夏四月二十三日，定国是之诏下，清帝下决心改革政治，由侍读学士徐致靖承旨草诏书。后徐学士又上折密保人才，除公之外，有康有为、黄遵宪、张元济、梁启超等（徐公江苏宜兴人，光绪丙子科进士。两子仁铸、仁镜均成进士。仁铸时任湖南学政，与公交厚。后戊戌变法失败，徐公下刑部狱，永远监禁，子仁铸永不录用，仁镜革职）。清廷颁布定国是诏后之四日，下诏责协办大学士翁公同龢，以办事多不允协，开缺回籍。从此朝廷党争日益激烈。翁公清帝师傅，有志维新，但持重不积极，旧派憎其祖帝，新派厌其迟缓，缘此得罪。

公在浏不久，旋返长沙。时湖南党争正亟，自鄂督张氏干涉《湘报》言论，调阅时务学堂札记，旧派言论嚣张，湘抚陈公于是年五月廿七日上奏，请朝廷厘正学术造就人才，并言康氏所著

《孔子改制考》伤理害道。其时《湘报》已休刊,用以缓和旧派言论。其时公奉诏必须赴京师引见。公在浏阳时,已知徐学士保荐事,五月十五日离家赴长沙前,作诗别夫人——《戊戌北上留别内子》。诗前有小序,其前段辞云:“戊戌四月初三日(黄君彰健考证‘四月’二字误,应是‘五月’允当),余治装将出游,忆与内子李君为婚,在癸未四月初三日,恰一十五年。”其诗更值得注意,诗为七言绝句,诗云:“婆娑世界善贤劫(‘善贤’二字应作‘普贤’。普贤,文殊佛门两大尊者,地位崇高。普者行弥法界,贤者位邻极圣。‘劫’字指劫数言;‘婆娑世界’言众生能忍受世界间苦毒烦恼,‘劫数’与‘婆娑世界’,皆佛门中语。此句中所言,生在此苦毒世界中,虽得道者亦有劫数。公盖先知此行之艰巨,事不易办),净土今生(亦作‘生生’)此缔缘。十五年来同学道,养亲抚侄赖君贤。”全诗之意,言劫数乃人所难免,你我今生得在净土结缘,度过十五年一同学佛之生活,真是幸事。今后奉老亲,抚孤侄全仗你的力量(净土本指佛土,公用此二字代替中国)。细味此诗,实含有付家托孤之意。时公学佛,故诗中常用佛语。

补注:《秋雨年华之馆丛脞书卷二·戊戌北上留别内子》:戊戌四月初三日,余治装将出游,忆与内子李君为婚在癸未四月初三日,恰一十五年。颂述嘉德,亦复欢然,不逮已生西方极乐世界。生生世世，同住莲花，如比迦陵昆迦同命鸟，可以互贺矣。但愿更求精进，自度度人，双修福慧。诗云：婆娑世界善贤劫，净土生生此缔缘。十五年来同学道，养亲抚侄赖君贤。

公更写有一张小横幅(用红信纸写)：“多一事不如少一事，多一念不如少一念。人生如梦幻，天地尽虚空。平时勤学道，病时不怕死。想到来生，则现在草草光阴，无不可处之境，真无一事足劳我之心思者。偶然书此，实皆名言正理，不可不深信之。”“无常、苦、空、无我、不尽(学佛五大原则)。身业三：淫、杀、窃；口业三：恶口、两舌、绮语；意业三：贪乐、嗔怒，痴爱。以上九戒，能终持之，必生西方极乐世界’长相共处矣。”此横幅原悬祖居室中，祖母去世后，余取悬于余之书房内。戚宋君任浏阳第一区学务委员，向余借去交西湖博览会展览，谓不久即归还，至迟不会过一月。后久假不归，宋君一见余即规避，公写之横幅从此遗失(吾认幅中所言学佛方法乃小乘法门。佛法分大乘法、小乘法，小乘主修身养性，大乘法则悲智双修，救人救世)。余在数年前作《先祖母李太恭人传》，登载《艺文志》中，记有此节事。后《湖南文献》予以转载，不知存何卷中，仅忆此时湘文献会由立委鲁君涤平主持，可复按也。

公五月中旬往长沙，行前于浏通银号借银四百两作旅费。公素无私财，又不敢向敬甫公请款(敬甫公对成年儿女均有一定之日费,不多予也),公借据用印有直条之信笺亲书写未加印章。至析产后始还清,祖母加批注,本利清楚日期,此据子孙应永远保存,祖母殁后,余于皮匣中发现,今已遗失。

是年夏初,公与黄公遵宪(公度)同观狄平子(葆贤)所藏《维摩说法图》卷,两人相对说法数千言。黄公亦为徐学士致靖所保举,应赴京引见,值病留湘未行。二公均信佛致,相对说法千言,非精明佛理,何能臻此(事载狄平子《平等阁诗话》第二卷)。

公于五月初二日,由长沙寄书夫人,信中后段言:"我此行真出人意外,绝处逢生,皆平日虔修之力,故得我佛慈悲也。夫人益当自勉,视荣华如梦幻,视死辱为常事,无喜无悲,听其自然。惟必须节俭,免得人说嫌话。至要至要!"公料理湘中经手诸事,遂于月之初十日离长。

补注:致李闰书信云:夫人如见:正欲起程赴鄂,忽然记出一件至要之事:我既保举进京,而功名保札、部照及一切公文,均未带来,兹特专入水取。请详细检出来,并捐道员之实收,一一点清,封作一包,外加油纸,即交送信人带下,万不致误。

又单纱蟒袍各一件,挖云抓地虎新快靴一双,伽楠十八子香珠及镶金伽楠搬指(去年所买者)各一个,天球、地球、团扇各一柄(并纸盒),香末数珠一串,好红烧料鼻烟壶二个,均请检作一包，一同寄来为要。

我此行真出人意外，绝处逢生，皆平日虔修之力，故得我佛慈悲也。

夫人益当自勉，视荣华如梦幻，视死辱为常事，无喜无悲，听其自然。惟必须节俭，免得人说嫌话。至要至要！

廿九日信收到，诸事即照办。

此请

德安！

谭复生手草五月初二日

原拟在鄂小住，至武昌又有寄书云："父亲慈心，更甚于昔，亦甚惦念我等，曾问我家眷到底在何处住好？我对云：暂在浏阳住甚好，若浏阳不安靖，即可令其来署中住。大人深以为然……"敬甫公待子弟严肃，光绪十八年（壬辰）敬甫公患足疽，公身不解带侍疾，其他子孙仅白天侍候，入夜归寝。公侍疾半月，病少瘳，老仆杨媪向余言公精神真好，然神采则不如前矣！

补注：又致李闰书信云：夫人如见：总理衙门有文书（系奉旨，又有电报）来，催我入都引见，可见需人甚急。虽不值钱之候补官，亦珍贵如此！圣恩高厚，盖可见矣。现定本月十六日乘轮赴南京领取咨文，赶速入都，途中别无耽阁，亦甚忙碌。此后暂不写家信，实因无暇，幸勿悬盼为要。

闻湖南今年又是荒年,浏阳可住则住,万一有土匪等可怕之事,即可雇一船迅速来鄂(且看五嫂回家何如,再与之商量),至要至要。

现在署中均相安,甚和平无事。

父亲慈心更甚于昔,亦甚惦念我等,曾问我家眷到底在何处住好?我对云:暂在浏阳住甚好;若浏阳不安静,即可令其来署中住。大人深以为然,即临时自酌可也。若世界平静,总以住浏阳较为方便。

前在省托唐佛尘寄回书箱等件,其中皆是要物,想均收到矣。

此请

德安!

复生手草六月十三日

附录　电旨

湖南盐法长宝道黄遵宪、江苏候补知府谭嗣同,前经论令核督抚送部引见,着刘坤一、张之洞、陈宝箴,即行饬令二员,迅速来京,毋稍延迟,钦此。

公到鄂垣不久即病,至不能兴。四月间即奉电翰林学士徐致靖奏请保通达时务人才一折:“工部主事康有为,刑部主事张元济,著于二十八日预备召见,湖南盐法长宝道黄遵宪,江苏补

梁启超

用知府谭嗣同，著该督抚送部引见。梁启超著总理衙门察看，钦此。”

公七月初间病始渐瘳，遂于十八日离鄂乘轮东下，至金陵督署领取咨文后赴京师引见。公在离鄂之时，精神苦恼，因关怀家国，何去何从。细读致夫人信，字里行间隐隐有咐托。因电旨催促，遂决意入觐。

公于七月初五日抵京师，寓浏阳会馆。抵京后即日寄书夫人：“朝廷毅然变法，国事大有可为。我因此益加奋勉，不欲自暇自逸。……此后太忙万难常写家信”云云。

补注：又致李闰书信云：夫人如见：在鄂连寄数信，嗣于六月十六日起程，本月初五日到京，事之忙迫，殆不胜述。朝廷毅然变法，国事大有可为。我因此益加奋勉，不欲自暇自逸。幸体气尚好，精神极健，一切可以放心。此后太忙，万难常写家信，请勿挂念。

寄上《女学报》及女学堂书共一包，此后如欲看《女学报》，可开出卖报之处，请唐次丞托人去买。唐如不能，可径托大兄设法在上海购买也（或函托秦生弟更好）。我十七、八可引见。此上，即颂坤安！

复生手草七月十一日住浏阳会馆

七月二十日召见，旋颁布上谕：“内阁候补侍读杨锐，刑部候补主事刘光第，内阁候补中书林旭，江苏候补知府谭嗣同，均赏四品卿衔，在军机章京上行走，参预新致事，钦此。”七月二十七日，清帝决定开懋勤殿设顾问官，命公拟旨，拟于次日赴颐和园请示西太后。公退朝告同人曰：“今而知皇上之真无权矣！”

补注:康有为《康南海先生自定年谱》:是时,以天津阅兵期迫,收兵权则恐警觉,不抚将帅则恐不及事,日夜忧危。复生至是知上果无权,大恐惧。

七月二十九日杨锐带出清帝密诏,其中有“则朕位且不能保”之语(即《清史稿·杨锐传》所收杨子庆昶宣统初年缴上清廷之诏书)。

训聪谨按:清雍正间因处理军事情报机密政事,特设军机处在宫廷内,选三品以上明达亲信者任军机大臣,挑选四品官以下,及部院官属才敏笔捷者为军机章京。章京职掌草拟上谕,实核章奏,即今日机要秘书之职。清光绪帝为西太后所制,不能任命大臣,故选用小臣,特为四章京特加卿衔,又许其参预新政事宜,其用意之深可以概见。盖欲四章京分军机大臣之权。然清廷成规,军机章京条陈,先需军机大臣核阅,始得陈帝。但有参预新政之权,可以与闻机要政事。四章京分为两班值日:公与四川富顺刘先第(裴村)为一班;四川绵竹杨锐(叔峤),福建侯官林旭(暾谷)为一班。四人保举者亦不同,公为徐学士荐,杨刘二人乃张之洞得意门生,由湘抚陈宝箴荐。林旭在四人中年最轻,卒年仅二十四岁,系康南海弟子,由詹事府少詹士王锡蕃荐。四人个性亦不尽相类,杨性稳重,刘性木讷,林少年聪颖,尚存意气,我公个性坚定不移。清帝重视杨公,诏书多由杨带出。其实杨、刘、林均参加康所召开保国会，惟我公不仅未参与保国会，二十一年（乙未）康倡导之强学会亦未列名，有上欧阳师函可证。然强学会封禁，因而引起公创立南学会之动机。

是年七月湖南举人曾廉上封事，密递京师都察院。其时清帝大开言路，特准吏民上书（其事乃秘密文书，在汉代已有，汉时刘向上封事劾汉元帝，元帝舅父王氏一族干预国政，有害国家。日后王莽以汉大司马专政，卒移汉祚，建国号曰“新”）。清末上密书，先绪时长沙与北京已通邮，可密封交邮局速递都察院。都察院，即御史衙门。曾廉将梁启超在长沙时务学堂教学所批札记及分发学子阅读之课本——《明夷待访录》等，并涉及梁氏在《时务报》言论倡民权，认为大逆不道，列举多条，请杀康梁师徒二人。封事送交军机处后，清帝保护康梁二人，特交先公按条驳斥，再呈西太后核阅。曾廉封事，真戊戌政变之导火线也。

补注：康有为《康南海先生自定年谱》：有湖南举人曾廉上书，请杀吾及卓如，上特发交谭嗣同拟旨驳之。

是时清廷老臣及守旧派诸官吏，见清帝擢用小臣夺大臣权，交章上呈清帝，认帝不遵祖宗法度，讦言康氏心术不端，设立保国会之目的，在保中国不保大清。满御史文悌在侍祠时自言亲耳闻汉御史杨深秀（漪村）言。杨氏在山两有儒学泰斗之称，张之洞前抚山西时，任杨主令德堂讲政。杨氏博学多见，而年长于杨、刘、谭、林、康五人，死时年已五十。但杨对改革政治主张颇多，裁冗官时杨氏曾劾曾祖敬甫公“守旧拘迂，虽人尚无化，要非能奉行新政者（戊戌七月）。”直言不顾私情，可谓古之遗直。曾廉封书上陈，引用“保中国不保大清”之言，更仇视之（后康南海氏力排此言，言“不保大清语”乃伪造攻击新派）。

清帝自知有不测之变，故交杨锐带出朱诏，有“朕位几不保”之语。此诏系机密文件，因杨锐持重，诏书转交林旭。公与康氏奉到诏后，乃速与刘、扬、林、梁及徐致靖、康弟广仁诸氏商酌，以手无寸铁，无计可施。

补注：康有为《康南海先生自定年谱》：先是为徐学士草折荐袁，请召见，加官优奖之，又交复生递密折，请抚袁以备不测。上即降旨，召袁世凯二十九日至京师，而是日上召见于颐和园交密诏与杨锐带出，称“朕位且不保，令与诸同志设法密救。”

是时徐世昌闯入，徐公致靖与世昌交情素厚，不疑有他。七人相对流泪，徐世昌亦为之泪下。是日徐致靖、康有为二氏，力主召袁世凯，奖以忠义，越级任用，冀为我用。前一年六月袁氏已简放直隶按察使，又主小站（新农镇）练军事宜。于是清帝即电召袁入京陛见。八月一日袁觐见帝，即有侍郎候补之命。次日袁入宫谢恩，又蒙召见。同时清帝有诏，促康氏出京，赴沪督办《官报》（《官报》乃由《时务报》改组，更名《官报》）。

补注:康有为《康南海先生自定年谱》:初一日,袁世凯降旨嘉奖,赏给侍郎。初二日,明诏敦促我出京,于是国人骇悚,知祸作矣。以向例非大事不明降谕旨,有要事由军机大臣面传谕旨而已。至逗留促行一事,非将帅统分逗挠,无明降谕旨之理,况吾为微官,报亦小事,何值得明发上谕?既严责诧异,便当革职,何得谓欲得通达时务之人与商治法,闻康有为素日讲求,反与奖语耶?又上召见臣工,无烦自明,乃声明“召见一次”,亦从来未有之事,故国人皆晓然。上复恐吾疑惑,召见林旭,令其持密诏交出。

三日晚,派公执清帝手诏笔录本,亲赴法源寺访袁,激袁以忠义,诛旧派首领荣禄,以救君上之难。袁佯诺,言应奉朱诏方可行事。五日袁陛辞返津,又蒙召见,温谕有加。是时值有天津阅兵之传言,新派目旧派欲乘机废帝;同时旧派指责新派不仅企图“保中国不保大清”实有“夺门之谋”,禁锢西太后。流言大作,影响宫廷。值是时,日本前大臣伊藤博文由津入京,清帝拟予召见,商讨宪法大纲。攻击者更大放厥言,言帝用夷变夏。

同日,御史杨崇伊(杨常熟人,曾弹劾文廷式、康有为二人,请封闭强学会,实旧派中之健者),亲赴颐和园上封事,将封事面呈庆亲王(庆亲王奕劻,为清乾隆帝幼子永璘后,日后得西太后宠信,得袭祖爵晋封亲王。奕劻复与袁世凯狼狈为奸,清室之亡,奕劻与有力焉),请西太后即日垂帘训政。

四日晚康氏离京师内城,住郊外金顶庙,以观变化,传我公亦微服与康处相唔,公旋返内城。时康氏奉帝手诏赴沪督办官,翌晨(五日)康氏即启程赴天津,晚抵塘沽。六日即乘英轮公司重庆号去沪(根据康氏自记出险事)。

补注:康有为《康南海先生自定年谱》:复生入城后,卓如至金顶庙容纯斋处候消息,吾稍发书料行李,是日尽却客。及夜,杨漪川、宋芝栋、李孟符、王小航来慰,杨言京师市人皆纷纷传八月京师有大变,米面皆腾贵,并董军纷纷自北门入,居民震恐,乃有纷纷迁避者。李孟符言英人有七舰在大沽,将与俄战,吾未与诸公谈密诏事,而以李提摩太交来“瓜分图”,令诸公多觅人上折,令请调袁军入京勤王。至子刻内城开,吾亦入城,至金顶庙候消息,知袁不能举兵扶上,清君侧,无如何,乃决行。

闻五日袁召见,上另有密诏与袁,则不知其云何矣。闻袁知变不奉命云。容纯甫欲请美钦使,然以其无兵,无济于事,却之。天将明乃睡,九点钟起访李提摩太与谋。英公使亦避暑北戴河远出,无能救者。又恶假权外人,故见伊藤博文,而不请救援,但请其说太后而已。

至夕出城,而见南海馆屋室墙倾覆,心窃怪之矣。黄仲弢饯我,戒以事变作,荣禄将谋害我,劝易装出山东,勿经天津。归则瞰谷来言，英俄已开仗。是夕太后还宫，以为外患方殷，或少纾内忧，稍为安心，不知荣禄之诳言也。

卓如、幼博咸劝我微服行，吾以死生有命，听其自然，乃留幼博与卓如谋救上，而独携李唐于天未明出京，令幼博带行李，迟日乃出。幼博送我至门，遂永诀矣。车中犹思仲弢言，或为山东之念，卒以死生有命，故决出天津不顾。至暮直抵塘沽，即登招商局之海晏矣。以无票不许搭餐房，乃入官舱，以其初六日四下钟乃开，恶久滞船中，忽思另搭，客栈人啧有烦言，挑夫亦重索价，唐亦谓可勿回。意既决，遂运行李还入店，浴于浴室，至初六日搭太古之重庆轮船，十一下钟乃动轮，既去天津无恙，亦无戒心矣。

过烟台，购梨及石子。初九日抵沪，两点钟将入吴淞。次日，总领事璧君来见，并送行。而上海道连日搜船，追问英领事甚急。既知救在英船，派人来，则船主不准登船。上海道又派兵船二艘来，英人又派兵船二艘夹护之，仍虑有变，先调威海卫之大铁舰来护送。是舰方上煤，闻电即行，舰至为十二日矣。乃动轮，兵舰咸备战具，护至福州，道无中国兵舰，乃还。

五日袁陛辞后即返津，下午三时到达，当即晋谒北洋大臣直隶总督荣禄（荣禄为西太后心腹）。荣禄时掌北洋军权，有绿营军、甘军、淮军等。袁所辖之新廷陆军，亦属其部下。袁一见荣禄即将清帝召见言语，与我公三日晚所言，一一上陈（袁日后追写一本《戊戌日记》，隐讳其事）。

补注：袁世凯《戊戌日记》：光绪二十四年七月十九日。予奉召由天津乘第一次火车抵京，租寓法华寺。上驻跸颐和园，即托友人代办请安折膳，定于八月朔请安。次日早起，检点衣冠各件，先派人赴海淀觅租寓所，午后至裕盛轩，遂宿焉。

初一日四鼓诣宫门伺候，黎明在毓兰堂召见，上垂询军事甚详，均据实对。候间，即奏曰："九月有巡幸大典，督臣荣禄饬臣督率修理操场，并先期商演阵图，亟须回津料理，倘无垂询事件，即请训。"奉上谕候四日后请训，可无大耽搁等语。退下，回轩少食就寝。忽有苏拉来报已以侍郎候补，并有军机处交片，奉旨令初五请训。自知非分，汗流浃背，立意疏辞。旋有郭友琴诸友来贺，备告以无寸功，受重赏，决不为福，焉用贺。即商拟疏稿，将力辞，诸友均力阻，遂托友人代办谢恩折。午后谒礼邸不遇。谒刚相国，王裕两尚书均晤，备言无功受赏，万不克称，并商王尚书拟上疏辞。尚书谓出自特恩，辞亦无益，反着痕迹，其谓不可，然此心怦怦殊不自安。次早谢恩召见，复陈无尺寸之功，受破格之赏，惭疏万状。上笑谕："人人都说你练的兵、办的学堂甚好，此后可与荣禄各办各事"等语。退下，在宫门外候见庆邸，匆匆数语即回寓。会大雨，即午始回法华寺，惫甚酣睡，至晚食后睡。

次日初三晨，谒合肥相国，久谈兵事。饭后赴庆邸在园，阍人谓稍候，即在回事处候。将著，得营中电信，谓有英兵船多只游弋大沽海口。接荣相传令，饬各营整备听调，即回寓作复电。适有荣相专弃遣书亦谓英船游弋，已调聂十成带兵十营来津驻扎陈家沟，盼即日回防。当以请训奉旨有期，未便擅行，因嘱幕友办折叙明原由，拟先一日诣宫递折，诸训后即回津。正在内室秉烛拟疏稿。忽闻外室有人声，阍人持名片来，称有谭军机大人有要公来见，不候传请，已下车至客堂。急索片视，乃谭嗣同也。

余知其为新贵近臣，突如夜访，或有应商事件，停笔出迎。渠便称贺，谓有称语，请入内室，屏去仆丁。心甚讶之，延入内室，叙寒暄，各伸久仰见晚周旋等语。谭以相法谓予有大将格局，继而忽言"公初五请训耶?"余以现有英船游弋海上，拟具折明日请训，即回津。谭云:"外侮不足忧，大可忧者，内患耳。"急询其故。乃云:"公受此破格特恩，必将有以图报，上方有大难，非公莫能救。"予闻失色，谓:"予世受国恩，本应力图报效，况己身又受不次之赏，敢不肝脑涂地，图报天恩，但不知难在何处?"谭云:"荣某日献策，将废立弑君，公知之否?"予答以在津时常与荣相晤谈，察其词意，颇有忠义，毫无此项意思，必系谣言，断不足信。谭云:"公磊落人物，不知此人极其狡诈，外面与公甚好，心内甚多猜忌。公辛苦多年，中外钦佩，去年仅升一阶，实荣某抑之也。康先生曾先在上前保公，上曰：‘闻诸慈圣，荣某常谓公跋扈不可用’等语。此言甚确，知之者亦甚多，我亦在上前迭次力保，均为荣某所格，上常谓袁世凯甚明白，但有人说他不可用耳。此次超升，甚费大力。公如真心救上，我有一策与公商之。”因出一草稿，如名片式，内开：“荣某废立弑君，大逆不道，若不速除，上位不能保，即性命亦不能保。袁世凯初五请训，请面付朱谕一道，令其带本部兵赴津，见荣某，出朱谕宣读，立即正法。即以袁某代为直督，传谕僚属，张挂告示，布告荣某大逆罪状，即封禁电局铁路，迅速载袁某部兵入京，派一半围颐和园，一半守宫，大事可定，如不听臣策，即死在上前。”各等语。予闻之魂飞天外，因诘以：“围颐和园欲何为？”谭云：“不除此老朽，国不能保。此事在我，公不必问。”予谓：“皇太后听政三十余年，迭平大难，深得人心。我之部下，常以忠义为训戒，如令以作乱，必不可行。”谭云：“我雇有好汉数十人，并电湖南招集多人，不日可到。去此老朽，在我而已，无须用公。但要公以二事：诛荣某围颐和园耳。如不许我，即死在公前。公之性命在我手，我之性命，亦在公手，今晚必须定议，我即诣宫请旨办理。”予谓：“此事关系太重，断非草率所能定，今晚即杀我，亦决不能定，且你今夜请旨，上亦未必允准也。”谭云：“我有挟制之法，必不能不准，初五日定有朱谕一道，面交公。”

予见其气焰凶狠，类似疯狂，然伊为天子近臣，又未知有何来历，如明拒变脸，恐激生他变，所损必多，只好设词推宕。因谓："天津为各国聚处之地，若忽杀总督，中外官民，必将大讧，国势即将瓜分。且北洋有宋、董、聂各军四五万人，淮泗各军又有七十多营，京内旗兵亦不下数万；本军只七千人，出兵至多不过六千，如何能办此事？恐在外一动兵，而京内必即设防，上已先危。"谭云："公可给以迅雷不及掩耳，俟动兵时，即分给诸军朱谕，并照会各国，谁敢乱动？"予又谓："本军粮械子弹，均在津营内，存者极少，必须先将粮弹领运足用，方可用兵。"谭云："可请上先将朱谕交给存收，俟布置妥当，一面密告我日期，一面动手。"予谓："我万不敢惜死，恐或泄露，必将累及皇上，臣子死有余辜，一经纸笔，便不慎密，切不可先交朱谕。你先回，容我熟虑，布置半月二十日方可复告你如何办法。"谭云："上意甚急，我有朱谕在手，必须即刻定准一个办法，方可复命。"及出示朱谕，乃墨笔所书，字甚工，亦仿佛上之口气，大概谓："朕锐意变法，诸老臣均不顺手，如操之太急，又恐慈圣不悦，饬杨锐、刘光第、林旭、谭嗣同另议良法"等语。

大概语意，一若四人请急变法，上设婉词以却之者。予因诘以："此非朱谕，且无诛荣相围颐和园之说。"谭云："朱谕存林旭手，此为杨锐抄给我看的，确有此朱谕，在三日前所发交者。林旭等极可恶,不立即交我,几误大事。谕内另议良法者,即有二事在其内。”予更知其挟制捏造,不足与辩,因答以:“青天在上,袁世凯断不敢辜负天恩,但恐累及皇上,必须妥筹详商,以期万全。我无此胆量,决不敢造次为天下罪人。”谭再三催促,立即决议,以待入奏,几至声色俱厉,腰间衣襟高起,似有凶器,予知其必不空回,因告以:“九月即将巡幸天津,待至伊时军队咸集,皇上下一寸纸条,谁敢不遵,又何事不成?”谭云:“等不到九月即将废弑,势甚迫急。”予谓:“既有上巡幸之命,必不至遽有意外,必须至下月方可万全。”谭云:“如九月不出巡幸,将奈之何?”予谓:“现已预备妥当,计费数十万金,我可请荣相力求慈圣,必将出巡,保可不至中止,此事有我,你可放心。”谭云:“报君恩,救君难,立奇功大业,天下事入公掌握,在于公;如贪图富贵,告变封侯,害及天子,亦在公;惟公自裁。”予谓:“你以我为何如人?我三世受国恩深重,断不至丧心病狂,贻误大局,但能有益于君国,必当死生以之。”谭似信,起为揖,称予为奇男子。予又说:“以我二人素不相识,你夤夜突来,我随带员弁必生疑心,设或漏泄于外人,将谓我们有密谋。因你为近臣,我有兵权,最易招疑,你可从此称病多日,不可入内,亦不可再来。”谭甚以为然。

又诘以两宫不和,究由何起?谭云:“因变法罢去礼部六卿,诸内臣环泣于慈圣之前,纷进谗言危词。怀塔布、立山、杨崇伊等，曾潜往天津，与荣相密谋，故意见更深。”予谓：“何不请上，将必须变法详陈于慈圣之前，并事事请示；又不妨将六卿开复，以释意见；且变法宜顾舆情，未可操切，缓办亦可，停办亦可，亦何必如此亟亟至激生他变?”谭云：“自古非流血不能变法，必须将一群老朽，全行杀去，始可办事。”予因其志在杀人作乱，无可再说，且已夜深，托为赶办奏折，请其去。反复筹思，如痴如病，遂亦未及递折请训。细想如任若辈所为，必至酿生大变，危及宗社，惟有在上前稍露词意，冀可补救。初五日请训，因奏曰：“古今各国变法非易，非有内忧，即有外患，请忍耐待时，步步轻进，如操之太急，则生流弊。且变法尤在得人，必须有真正明达时务老成持重如张之洞者，赞襄主持，方可仰答圣意；至新进诸臣，固不乏明达猛勇之士，但阅历太浅，办事不能慎密，倘有疏误，累及皇上，关系极重，总求十分留意，天下幸甚。臣受恩深重，不敢不冒死直陈”等语。上为动容，无答谕，请安，退下。即赴车站，候远佑文观察同行。抵津，日已落，即诣院谒荣相，略述内情，并称皇上圣孝，实无他意，但有群小结党煽惑，谋危宗社，罪实在下，必须保全皇上以安天下。

语未竟，叶祖邽入坐，未几佑文亦来，久候至将二鼓，不得间，只好先退晚餐，约以明早再造详谈。次早荣相枉顾，以详细情形备述。荣相失色，大呼冤曰：“荣某若有丝毫犯上心，天必诛我，近来屡有人来津通告内情，但不及今谈之详。”予谓：“此事与皇上毫无干涉，如累及上位，我唯有仰药而死耳。”

筹商良久，迄无善策，荣相回署，复约佑文熟商。是晚荣相折简来招，杨华伯在座，出示训政之电，业已自内先发矣。荣相复抚茶杯笑曰：“此非毒药，你可饮之。”惟耿耿于心寝食难忘者，恐累及上位耳。荣相奉召入都，临行相约，誓以死保全皇上。予曰：“赵盾弑其君，并非赵盾；中堂仁笃忠贞，现居要津，今皇上万一不安，天下后世，其谓中堂何？我亦世受国恩，倘上有不安，唯有以死报之。”荣相曰：“此事有我与庆邸，决不至累及上位，勿虑也。良以慈圣祖母也，皇上父亲也。处祖母父亲之间，为子孙者惟有出死力以调和，至伦常之变，非子孙所忍言，亦非子孙所敢闻。”谨述大略，五衷如焚。时在八月十四日记于天津督署。

又：袁世凯《自书戊戌纪略后》：皇太后听政三十余年，迭削大难，功在社稷，亦天下之君也。况今上为皇太后命立，亦有君臣之义，且有母子之分，天下岂有无母之国哉！我皇上孝治天下二十余年，璇宫侍养，备极崇睦，薄海臣民，同深钦仰。为臣子者自当矢志忠贞，随时维持，不敢议及天子，累皇太后以不慈，更何敢议及慈圣，累皇上以不孝。

乃谭嗣同等煽惑构乱，离间两宫，竟欲陷君于不义，讵为天理所能容？当其谋乱之时，国之危机有三；倘其凶谋果逞，内忧外患一时并起，中原疆域立见瓜分，其危一；设予稍露圭角，该党必将害我，以其党代之，内有悍徒，外有劲旅，何堪设想？其危二；或者发泄后荣相不即入枢廷善为调和，保全上位，各国必将借口交讧，匪党挟以有辞，将至不可收拾，其危三。赖列祖列宗在天之灵，幸得佑免三危。然祸机之来间不容发，亦云险矣。

予世受国朝重恩，幼受庭训，自通籍十七年来，只知以道事君，不敢稍涉欺罔，无论人之知与不知，愿力任劳怨，百折不回，其不忠不孝之言，向不敢出诸口，不料逢此棿杌，几涉奇险。然区区此心，意在诛锄误君误国之徒。该党无礼于君，予为鹰鹯之逐，亦人臣之大义，皎皎此心，可质天日，且亦正所以保全皇上。倘该党等凶谋果逞，必将难保宗社，更何以保全皇上？此亦必然之势也。为臣子者，但求心安理得，此外非所计也。自书记后，并交诸子密藏之，以征事实而质诸词。时在八月廿五日书于小站营次。

荣禄偕怀塔布、许应骙、杨崇伊、张仲炘乘当日下午五时半之车晋京，向西太后述诉，请即日训政，西太后亦于西日晚七时由颐和园返富。太后还宫之后，立即派荣禄卫兵守紫禁城，召开紧急会议。会议后，又令荣禄返天津坐镇，以防不测。

五日，西太后垂帘诏下，新派谋围颐和园之谣言突起，戊戌政变因此发生矣！

西太后垂帘诏言，用清帝名号发布，自称再三吁恳慈恩训政，以重宗社。

六日，公仍居浏阳会馆，值梁氏来访，适得搜捕南海馆消息(康氏住所)。公劝梁速趋日本使馆，恳日使营救康氏(此后事实，根据梁氏所作公传)。余又有所闻：公闻清廷下旨捕康，二人同走访英教士李提摩太，在李寓所遇留美前辈容闳(纯甫)，三人商量分头奔走，设法营救康氏。

是时前后，毕永年(松甫)有日本之行，作书相告，公作函复毕氏，其辞云："诵来札，心痛，几放声大哭。然无可言，引颈而已，亦无济也。此行足为贵种觅一遗种之处乎？因病不及送，见面徒增伤感，不如其已。追及南海为言，本初(本初，后汉袁绍字，公用本初二字代袁世凯)甚不可恃，且有懊悔之言，求不败乃公事足矣，宁复有他望乎？此作别，悲夫！"此书黄彰健氏录自续对支回顾录。

训聪谨按：此书文句，少年时郑晟礼(舜卿)曾举以告余，年久不能忆其全文，仅记"今事已至此，惟有引颈而已"以及"途中遇到南海，为言本初大不可恃"片语单句，故余作年谱初稿时未载。今日录写此文，更增感喟！文中"惟有引领"四字，可见此时公之内心死事已决。毕永年先生忆其为湘西人，但不知属何县，与潭延闿、唐才常均为考试同年。庚子年唐才常为保皇党举事失败后，毕氏即弃家为僧。毕氏事载攸县龙氏印行之《近代湘贤手札》谭公延闿跋语中。

七日公居浏阳会馆，整理文件，将友朋来书尽行焚化，仅存老亲告诫手谕，并将重要文稿及重要家信另贮一筐中，遂赴日使馆访梁氏，以文稿、家书奉托。此类文件多已遗失，梁氏仅将《仁学》二卷在日本付印。余家所藏之印本，封面印用国民出版社印行，右上角印有“谭壮飞先生著”。有人谓余言，第一次印本，无谭公别号，印有“台湾人著书”五字，以免清廷注意。

七、八两日，公在寓所中，与侠士王正谊（子斌）谋，王即“大刀王五”，在京城开源顺标局。闻公曾与王谋，营救清帝出险，护送帝南下，未果。

按：谭训聪原注：公与王侠士确有一段交情，公诗中有《赠舞人诗》七律二首——所谓“粗枝大叶英雄佛，带水拖泥富贵穷”，“英雄佛”喻王之粗豪举动，“富贵穷”指己戴官帽官服之形。此诗赠王实不可疑。四川李岳瑞《春冰堂野乘》，亦书公与王交好事。李亦维新人物，戊戌政变后，革职永不叙用。

补注：康有为《康南海先生自定年谱》：是时上幽南海瀛台中，王小航与日人谋逾南苑救上，谭复生与京师侠士大刀王五亦谋救上，皆未及事。

公除精文学外，亦事武功。余在沪上时，一日在辣裴路欧阳予倩家，予倩曾言：公辫有神力，公蹲于地上，令三四人挽其辫，公不为动，公一立起，挽辫者全仆。予倩乃欧阳瓣姜师孙，是时尚幼，亲自见及。又言公死国难时，其祖父闭门掩户垂帘而哭，因恐外人见到，不敢大哭于外庭。公少时居西北有年。爱驰马挽弓，尝与游侠儿游，中年识王正谊，相从练武事，亦理之常有。

七月九日晨，九门提督翼尉率缇卒来，公延翼尉入客厅，相见即曰："吾知之矣！"同翼尉乘车去。旋即缇卒入内室大索，取公文件而去（梁传中云十日被捕）。

同邑前辈李君鸿球言，北半截胡同浏阳会馆，内进有寥天一阁，公读书治事处；又有莽苍苍斋，是公憩息处；外进有怀旧雨轩，是公见客之所，被逮时即在此处。

被逮后，系刑部狱，公居南所头监（刑部狱，即明代锦衣卫狱，俗称天牢。明代杨继盛[椒山]左光斗[遗直]曾系狱中，狱院中有榆树，云明代杨椒山先生手植。清宣统时，汪兆铭早年从事革命，谋刺摄政王[载沣]，亦系此狱中，自言囚在南所头监。）公在狱中凡四日，曾有狱中书三纸：致其随从仆人罗升、胡理臣，字条上无月日，后面署主人谭复生字。余私见认为第一纸，通知他们，"我在南所头监……速请郭之全老爷（郭字友琴，河南人，刑部官员，与袁世凯有来往）电告湖北。此外有何消息，可顺便告我"。第二纸取应用物件，纸后未署名。第三纸言：汝等满怀忠爱，可嘉之至！谢得军机折，不用递了。……惟王五爷（子斌）可以进来。侧面有小字一行，谓“王五爷花钱方能进来”，速托其通融饭食等事，并谓“湖北电既由郭寄，你们不必寄了……”

公在狱中从容不迫，常绕室闲步，如拾有地面更香余烬（狱吏以更香为接班人信号），即于墙上题诗，公仅有题壁诗一首传出，诗云：“望门投止思张俭（《后汉书·张俭传》：张俭被捕，无处可避，望门投止，人重其名留之，有因此破家者），忍死须臾待杜根（杜根，后汉安帝时人。时帝年少，太后邓氏临朝执政。是时，权在外戚，杜根请太后归政，太后捕杀之，将尸弃于野，得苏。日后邓氏败，根复任官）。我自横刀向天笑，去留肝胆两昆仑。”（首句言逃亡，言不愿效张俭行为望门投止；二句言忍死受辱，但清廷有将亡之兆；第四句有人将去留二字分讲，我认为不必如此。时公独居京师，仅二仆相从——罗升、胡理臣［昆仑奴，唐时对异族奴仆之称。昆仑奴体力强，能泅水，越高山如履平地］。公师刘公（蔚庐）有诗句：“谭生意气横天下，不忍逋逃累老亲（时敬甫公年已七十五岁）。他日千秋传世笔（按：蔚庐《亥子集》此句为：‘他日老韩漫同传’），董狐良史要分明。”余认为刘公之诗恰当。

七月十三日下午四时，公与康广仁、杨深秀、林旭、杨锐、刘光第六人，同死于京师宣武城门之菜市口，史称为戊戌六君子。

公被难后，罗、胡二仆会同浏阳会馆老长班（守会馆工人）刘凤池之父（刘凤池子民国时任长班）同往刑场检收遗骸，刘为之涤血缀元，殓后棺存僧寺。翌年，罗、胡二人扶柩南归。

补注：康有为《康南海先生自定年谱》：七月十三日下午二时，西太后有旨谕军机大臣等："康广仁、杨深秀、杨锐、林旭、谭嗣同、刘光第等大逆不道，着即处斩。"时长安人赵舒翘任刑部大臣，因案情重大，本拟奏派大学士军机大臣会同刑部严讯，时西太后因康梁先逸，移罪六人。值兵部给事中高燮曾又奏请西太后当机立断，速行惩办，深恐稽延时日，引起西人干涉。刚毅时任军机大臣，逢君之恶，于是六君子同日骈斩，不论责任之轻重，为清代开一恶例。

叶昌炽《缘督庐日记》戊戌年七月八日有段记载："徐致靖（子静）自津来函，康梁变法，意在联英日以自固，此次皇太后训政，俄国实为主谋，故仓猝变发，而英日未敢出面干预。"

读叶氏此段日记，可知戊戌变法失败之关键。李氏（鸿章）以夷制夷之策，终至不能制夷，反而制华，破坏行将萌芽维新新政。伊藤博文之觐见清帝，亦为政变之导火线。

七月十四日清廷颁布上谕："康有为实为叛逆之首，着各省严密查拿，极刑惩治。梁启超狼狈为奸，所著文字语多狂谬，着一并严拿。康有为之弟康广仁、御史杨深秀、军机章京谭嗣同、林旭、杨锐、刘光第等，与康有为结党，隐图煽惑，情节较重，是以未候覆奏，于昨日谕令将该犯等即行正法。钦此。”是时西太后复训政，即幽清帝于瀛台。瀛台居水中，每日临朝，驾舟出入，形同傀儡，上谕之真伪可推知矣。

补注：康有为《康南海先生自定年谱》：十一日下伪旨，谓吾结党营私，余免株连，以安众心。

公父敬甫公，以戊戌年七月裁冗员故，凡督抚同城者裁缺（湖北、广东、云南三省巡抚均裁），敬甫公本应入京陛见。戊戌政变后，八月奉朝旨：“谕裁缺湖北巡抚谭继洵，着毋庸来京，即日回籍，钦此。”公即率居武昌眷属回籍，得免罪戾。

当时人谓公得无罪，实因笃守旧学，不崇新知；且杨深秀于戊戌年七月劾公，谓公“守旧迂拘，虽人尚无他，要非能奉行新政者。”余曾闻宗老言：戊戌年七月，公命亲随四川人陆和（玉生）怀奏章三本北上，言其子少不更事，不堪军机章京之选。至京刚上两本，值政变作，陆被缇卒搜身询质，陆言我乃谭巡抚之人，入京呈递章奏，随即以章奏出示，陆得免于搜索。盖先曾祖知朝廷党争日亟，舐犊之情，油然而生，故有此举。

阅近人沈云龙作《康南海评传》，载有一段关于我公伪造诉文之记载。据梁氏入室弟子吴其昌（子馨）文存中《梁任公先生别录拾遗》：“谭于大难将迫，日使权助曾迎谭梁住使馆中，共商营救清帝，谭住使馆三日。一日闭户甚久，出曰：'仍须告他一状'。出一文件，嘱使馆工役即投交某衙门。事后部下盛传湖北谭巡抚控告其于不孝，无父子情。梁氏度谭闭户，即为斯事。至第三日，谭坚决辞去，返浏阳会馆待捕。"此段事乃吴其昌亲承师言，但与梁作谭传有出入。使公居日使馆有三日之久，七、八两日何能与幽燕侠士王正谊谋救帝？且谭传中亦无谭氏住日使馆事，仅言谭君来访，以诗文一箧奉托，乃一抱而别，此后不复相见。

我公还榇返浏时，敬甫公正罢职居浏城北城永清街（旧名永清街，后改名为北正街），公自置产业。公于戊戌年秋冬间尚不知子死，是时敬甫公门生某适有书来，云"七公子党祸婴身，从容就义"。公责季子（嗣冏）长孙（传赞）交出全部《申报》，细阅始末。时家人尚以我公系狱闻，报章亦剪呈送阅，言其年迈应以保身为第一义。至此已无法隐秘。公细阅后，用手抵书案，长噫垂泪，更无他语。事后仅言事须秘密，畏吾祖母知道。此段记载，见《近代湘贤手札》中茶陵谭公延闿题敬甫年丈致龙侍郎（芝生）信之跋语，谭自言此语闻子十弟秦生（嗣冏）。

公榇归浏，权厝于郊外茅坪之墓庐中。开吊之日，一切简略，吊者亦寥寥，仅挚友唐才常烈士及亲戚辈与时务学堂学生共十余人而已。

公墓在浏南崇丰乡南流桥唐家铺前石山下，有碑记，题曰“清中宪大夫谭公复生之墓”（公虽杀身，因未经法司审判，官职已罢，官位犹存）。墓前竖立二石柱（即华表），旁列石马二，石虎二，依清代品官制（中宪大夫为四品）。石柱上有隶书联语，邑人宋君渐元（伯琪）作。宋君后任广东防城县知事，光绪三十三年死难）联云：

按：联云：亘古不磨，片石苍茫立天地；一峦挺秀，群山奔赴若波涛。

公祠在浏邑西城正街，祠宇仅两楹，屋后进宇及大楼，乃浏阳图书馆旧址。民国十九年兵燹，后进屋宇全毁于火，公祠幸未波及。其地原系清典史署，左侧杂屋，则由先祖母购得，以作宾客休息之所。民国二年，谭公延闿督湘，将典史署前楹地专案拨给，未核拨建筑费，先祖母鬻产成之。祠宇大门有大石刻，颜曰：“谭烈士专祠”。

公死国难之后，邑人送挽章不多，因艰子立言，兹摘录二联于后。唐寿田先生（才常烈士父）暨邱君文阶、菊圃挽联，措辞极蕴曲

按：挽联曰：天事也难凭，人事也更难凭，落落孤踪，今若此谁能遣此？生才者造物，忌才者亦造物，茫茫事故，已焉哉谓之何哉！

又注:二十年刎颈交唐烈士才常亦致挽联曰:与我公别几许时,忽惊电飞来,恨不携二十年刎颈交,同赴泉台,满赢将去楚孤臣,箫声呜咽;近至尊刚十数日,被群阴构死,忍抛弃四百兆为奴种,长埋地狱,只剩得扶桑三杰,剑气摩空。

上联唐公以伍子胥自况,决心反清;下联痛公之死,清室迟早必将倾覆。时皮锡瑞(鹿门)先生正主持江西经训书院讲席,亦有诗哭公。

补注:皮锡瑞《师伏堂未刊日记·哀谭复生》:竟洒苌弘血,难完孟博躯!南冠已共惜,西市更何辜?浊世才为累,高堂泪定枯。荣华前月事,缓步入中枢!同归头未白,相见眼常青。访我来南学,看君上大廷。枫林忽魂梦,天道有神灵。一自沈冤后,朝朝风雨冥!嵇康养生戮,何事说延年!杳然匡时略,凄其怀旧篇。孝忠难喻俗,成败总由天。自古如弦直,纷纷死道边!九关屯虎豹,一夜变龙鱼。李、杜死何憾?伾、文谤是虚!焙茶嗟未试,芳草痛先除!尚有湘人士,来披邺架书!君非求富贵,富贵逼人来。讵山公启,翻成党祸胎。曾无纨绔习,竟枉栋梁材。沧海横流酷,人间大可哀!

皮先生诗五首,沉郁哀痛,出于性情,其词质不事夸张。第三首言公倡办延年会事,延年会者勉人起居有节,习作有时,此乃人生中须注意者。“孝忠难喻俗”之句,盖公所谓之忠孝,即承圣言君君、臣臣、父父、子子之旨，出于理性之自然。孟子有言："君之视臣如草芥，则臣视君如寇仇。"日后尊君卑臣，纲常日坏，呫哔小儒不明古义。第四首有句"焙茶嗟未试，芳草痛先除。"此乃双关语，焙茶本可指机器制茶事，然扩大言之，可指一新政。公去湘后，湘省新政次第停办，公亦旋死。"人道敏政，地道敏树"，味及斯言，其能无感？

公友人浙江平阳宋恕（平子）即宋衡（燕生），亦作诗二首哭公：

按：诗曰：悲哉秋气怨扬尘，命绝荆南第一人。空见文章嗣同甫，长留名字配灵均。

灵均岂忍忘天下？壮士终期约海滨。遗恨沅湘流不尽，何年兰芷荐芳名。

宋平子先生为公三十以后所交之友，宋"素负才名，荦落不羁"，然天性至厚。宋先生初见溧阳狄平子编《平等阁诗话》，未载谭公诗，致书狄氏，有遗谭之言。旋即于《诗话》中见已录公所作《题宋徽宗画鹰二篇》，遂作诗寄狄氏。诗云："分明已录画鹰篇，岂有钟嵘失此贤。浩气丹心曲平甫，一生只有一诗传！"盖溧惜公之死，未能尽其才也（宋先生有《戊戌年感事诗》，余未见及）。

康南海先生有《六哀诗》，吊戊戌年殉难六君子，吊谭公有五古诗长句：

补注:《新民丛报》壬寅年第十七号:康有为《六哀诗》(其一):复生奇男子,神剑吐光莹,长虹亘白日,紫澜卷苍溟。足迹遍西域,抵掌好谈兵,横厉志无前,虚公心能平。才明挺峻特,涉猎得其荣,于学无不窥,海涵而渊渟。文词发瑰怪,火齐杂水晶。孤孽既备尝,德慧更耀灵。遍探异氏奥,遽徙筐频倾,归心服大雄,悲智能长惺。闻吾谈《春秋》,三世志太平,其道终于仁,乃服孔教精。贯串中外学,开通治教程,奇辟破宧奥,华妙启化城。大哉《仁学》书,勃窣天为惊!金翅来大鹏,溟海掣长鲸,巨力擎烛龙,雷霆吼大声。吾道有谭生,大地放光明。师师陈义宁,抚楚救黎蒸,变法与民权,新政百务兴。湘楚多奇材,君实主其盟。大开南学会,千万萃才英,新法丕矫变,旧俗涤以清。圣主发维新,贤哲应求征,奉诏来京师,翔凤集紫庭。宣室前席问,帝心特简膺,有命参新政,超阶列群卿。向以天下任,益为救国桢。

旅吾南海馆,纬缅夜不宁。首商尊君权,次商救民萌。条理皆暗合,次第拟推行。煌煌十七日,新政焕庚庚。大猷未及告,奇变怒已形;衣带忽飞传,痛哭发精诚。大床方卧疾,挥涕起结缨,自任救圣主,挥吾出神京。横刀说袁绍,慷慨气填膺,奇计仗义侠,惜哉皆不成!神尧遂幽囚,王母宴飞琼。缇骑捕党人,黑云散冥冥。吾时将蹈海,欲救无可营。东国哀良臣,援拯与东征。

上言念圣主，下言念先生，两者皆已矣，誓死延待刑。慷慨厉气猛，从容就义轻，竟无三字狱，遂以诛董承。毅魄请于天，神旗化长星。

此康氏东居日本时所作，叙事扼要，健笔纵横，气壮高古，与皮诗质直大异其趣。康氏于日本东京曾举行追悼六君子大会，有联挽之，余幼年即识之，今特抄录于后。

按：挽联曰：岳于惨戮，逢比孤忠，古人尚尔，于君何尤？魂魄如有灵，应同孝孺先生，矢口问成王安在；唐代清流，宋朝党祸，自昔已然，而今犹烈，沧桑正多事，愿效子胥相国，留眸看越寇飞来。

（完）

附　录

后人评论

公逝世后，评论甚多，旧党人士甚有以凶悍目之者。维新同志，亦有议论公之所为。如陈三立（散原）先生序刘光第（裴材）《衷圣斋文集》，言维新时，“余父则务进端笃学有根底之士，疏刘君与杨君锐二人，旋召入值，并杨君及谭君嗣同、林君旭皆充军机章京，仅累日难作，君遂遇害……其知者谓谭、林年少气盛，议论锋出折一世，为最易取忌怒，即杨君差持重，或遇盛时，犹稍自激昂。独君淡泊遗物，不轻与人接，人亦莫由窥其蕴，竟亦偕数子名四章京者骈戮于市。”三立先生，湘抚陈公（宝箴）之子，佐父推行新政，其评论如此。（有人谓刘并不识康南海）

入民国后，评论我公行事学术者，有萧公权、钱穆、左舜生、吴相湘、王云五、梁漱溟诸氏。萧、钱、左、吴四氏均有评论，王、梁二氏仅就学术方面分别叙述。

萧氏所著《中国政治思想史》,言“康氏变法,志在保清,谭氏维新,则纯出于爱国。知旧章不足存,故不惜舍己以从西法;知满洲之不足言变法,故欲乞灵于国际干涉。审其识见,均在康氏之上。然秦廷之哭,既势所不能,救国之念,亦如焚而不能戢,彷徨愤懑之际,不觉为康党维新所动。于是一误于君宪之空想,再误于德宗之倚任。一腔热血,遂不得洒于衷心隐含之国民革命主张,而转向酬神宗而献身于帝王圣主。此诚戊戌政变最惨痛之悲剧”。

钱氏在其所著《中国近三百年学术史》中叙述,“窃疑‘不有死者无以酬圣主’”,非谭氏之言。公尝有言:“止有死事的道理,断无死君的道理,死君者,是以宦者宫妾自待也。”(语见《上欧阳师书》,即《北游访学记》)。谭氏一入军机,竟放弃平日所冲决网罗之学,是为不智。若言惧祸波及家庭,吾料其意不在此;如为老父安全,则《仁学》中所官只虚言也,其死亦为无意义之徒死。

近人吴相湘先生作《近代史料论丛》评论谭氏,谭入军机后,即放弃冲决网罗之论(根据王照《小航文存》),然谭氏坐守待死事,果何为也。吴氏论调同于钱穆,咎公未能以身殉学。

近人左舜生氏作《谭嗣同评传》,左氏认为“谭氏之死,是死事，不是尽节尽忠”。他认为清帝有可辅之才，有改革的决心，如他能实握政权，定有所革，而且他的所处环境与康、梁二人有别。谭氏父亲继洵在鄂抚任已上七十有五之高龄，哪能使老父受缧绁之累，吾发之吾当任之，不然何辞以对天下？同时谭氏不走，亦是任侠的表现，舍己救人，故谭氏于七、八二日间，风声鹤唳之际，仍和侠士王正谊谋，欲救护清帝。此乃湖南之个性，不避不走。能为戊戌政变之佼佼者。

训聪谨按：我公之从容就义，不避不走，实责任感所使然。宋代苏氏论汉晁错：“吾发之吾能收之，然后有辞于天下。”老父保守，有子维新，思想虽背道而驰，然父子天性未绝，今以一身任之，使家庭无累。冲决网罗之论，此乃公之学说，今既无从冲决，罗网重重，处境与康、梁二氏异。酬圣主之言庸或无之，救老父之思，人所难免；且弃官返湘赞划新政，全属自动，非老父之意旨。事已至此，岂可一走了之？观公被征召时，有“养亲抚侄赖君贤”之句嘱咐夫人，其心思可见矣。康、谭思想虽有出入，然亦有相同之处。保种保教，保民便民，此戊戌变法之帜，亦政变招祸之因子。今公死矣，诸氏评语，各有同异，余仅知公为国事而牺牲，赤心丹诚，成为时代之牺牲者。

戊戌年八月陈公（宝箴）奉朝旨革职，俞廉三继任湘抚，俞氏于九月视事。一切新政全部撤销，时务学堂由俞氏奏请改为求实书院。仅存者惟火柴公司、小火轮和邮电而已。

政变余波

是年十月十三日俞廉三有折上奏:陈明保卫局裁撤,仍复保甲团练旧制,并呈明主持保卫局候补道左孝同及内阁中书黄忠浩、候选郎中蒋德钧三人,在湘省推行新改时,有无把握局务,黄、蒋二人有无纵勇殃民巧于钻营行为及不胜统领之任事;俞上折叙述,“左氏乃原任大学士左宗棠四子,在任时无把握局务附奸逆实迹。蒋德钧系已故陕西布政使蒋凝学之孙,陈宝箴推行新政时慕名选派,募练信字新军,驻防岳州,确非巧取钻营。黄忠浩先经前湖北抚臣谭继洵委带武靖营(驻湖北田家镇),后湖广总督张之洞由两江总督回任亦赏其才略。陈抚湘时,因辰沅须人镇守,素知黄氏知兵,且对辰沅一带(甚悉),委无以银六千两贿求统领之事。至黄氏纵勇殃民一层,尤非事实。黄部纪律严肃,操练精勤,再三者查,实无克扣之弊。兹已查明黄氏确能胜任统领。伏求圣明垂鉴。”(朝廷查办三人实由监察御史张荀鹤之弹劾)此事经俞抚奏复,得免纠纷。左、蒋、黄三氏均参与湘省新政,且与我公相交,左氏世交,蒋、黄二人则朋友,尤以黄氏交谊至厚。公曾为浏阳团练事,嘱师中吉招募百余人,由师统率,送请泽生(黄忠浩字)营学习。与泽生商量二次,渠大以为然。此事公曾上书欧阳师。

黄氏于辛亥革命湖南宣告独立时,湘抚余诚格委黄氏任巡防军统领。不料为起义军所劫持,迫降不屈,竟为所杀,以维新志士而死难。墓碑文义宁陈三立撰。

述异三则

先祖嗣同公生平行谊及思想变移之迹,与乎杀身成仁之际,日后诸君子之评论,见仁见智,各有所持。盖公幼年失恃,不堕其志,坚忍自力。弱冠好弄,稍长好佛学,喜科学,独居深虑,忧人之所不忧(忧国忧民),乐人之所不乐(研究学理)。生长仕宦人家,而无一不良嗜好,真如皮鹿门先生言:"曾无纨绔习"也。公于光绪二年因染疫短死三日,复苏后,有人说星君呵护,亦有侠客还魂、老僧转世之言论。此不实之事,余不敢以污我先人。余闻宗老言,有二事可足述者,并记异闻三则:

一、公幼年长辈呼为"七和尚",因公常作梦,濯足于松根盘石间,清流照影,自顾乃一沙弥。事后举此以语人,人们遂以"七和尚"称之。

二、戊戌年四月公由长返里,时公应征召。公离浏后,一日天刚昧旦,突闻厅堂上有人大呼曰:"老七晋京不好!"夫人惊寤,启户出视,则内庭阒然无人,对外庭门户紧闭。夫人即呼杨媪

（杨媪，金陵雷氏女，佣余家将四十年，年八十余岁病殁于浏阳，葬浏邑郊外），命其出外观察。则外庭寂寂无人，仆人均未起床，夫人不怡多日。已而，闻公抱病留鄂，以为梦兆在是，不虞其他。六月公由鄂入京师，七月二十日召见，八月十三日死国难。居军机章京职约十七日，谢恩折尚未呈上，公竟死矣！

三、吾闻公殉国难时，流血最多，热气腾腾然。刘公光第则溃白血，人见白血冲出，群为冤。我公有“热血救国”之言，故有此现状。释敬安《八指头陀诗集》卷十载共事，诗题为《纪事十八韵》，诗中注云：“某甲谓某乙曰，吾辈此后当以热血相见，及甲见杀，乙往视血犹未冷，其言竟成谶矣。”释敬安自号为八指头陀，湘潭人，能作诗，一度与公为友。今出此言，盖知敬安修小乘法也（某甲指我公而言）。

留别湘中同志诗注释

先祖嗣同公丙申年（光绪二十二年）作《丙申之春缘事以知府引见候补浙江寄别瓣姜师兼简同志诸子诗》，特为注释。

缘事：系由李玉成假冒武弁大员，扯署中旗号，任意撞骗。詹知事为骗去现银一千两、银票一千两。事既不驻，不允照票兑银，李遂将银票交比利时国人手，由德国驻汉领事备文索取。幸公与英国领事极力排解，得以无事。并查出详细事由，将李玉成拿办。但此案破后，又发生李卖缺等案，牵累滋多。敬甫公罪公所召，即令赴浙江候补，不得与闻外事。（公有信上欧阳瓣姜师，见蔡编《全集》，信列九号）

一

睡触屏风是此头，也曾问绢向荆州。①
生随李广真奇数，死畔要离实壮游。②
洛下埋名王货畚，芦中托命伍操舟。③
东家书剑同累狗，南国衣冠借沐猴。④

注：①睡触屏风：事见《汉书・陈万年传》：万年子咸，因数讥臣，命咸跪床下受训，语至夜半，咸睡头触屏风（屏风——床槛），万年大怒杖之。咸曰："真晓所言。"万年遂不言。问绢：岑参诗句："采兰度汉水，问绢过荆州。"荆州百货山积，诗中以荆州代汉口，得闻外事。

②李广事见《汉书》：广数奇，伐匈奴有功不侯。公屡赴南北闱竟不第。要离事见《吴越春秋》：要离本吴阖卢刺客，吴王嘱其刺杀吴前王（僚）子庆忌，庆忌厚待之，要离终刺死庆忌，然感其恩亦自刎事。要离死浙江，公奉命赴浙候补，故用此典。

③王货畚、伍操舟：王指东晋王猛。王居洛阳，贫甚，贷畚（土器）自给。后苻坚任王为相，屡戒坚伐晋，心不忘国。伍指伍子胥，伍因父兄之难，奔吴，楚军急追之，伍匿芦中，芦中渔人为

化装，得以操舟逸去。公用此典，言内心具有民族观念。

④东家指本家，书剑谓文物，累狗被系之狗。言我国固有文物被人缚束，如累狗然，毫无作用。衣冠借沐猴，所谓优孟衣冠笑沐猴。春秋楚庄王用孙叔敖为令尹，称霸中原。孙叔敖卒，反其所为。优人（伶人）服其衣冠，效其所为，以讽楚王。

二

白龙鱼服办轻装，紫凤天吴旧业荒。①

尽有乾坤容电笑，寂无雅颂出云章。②

传观怕听《金楼子》，落寞思兼水部郎。③

去马来舟多岁月，北山翻觉稚圭狂。④

注：①白龙鱼服：典出刘向《说苑》，言人日趋堕落。白龙自游入深渊中，几为渔人射中。白龙诉之上帝，帝曰："渔者射鱼乃天职，子自趋堕落，渔者何罪？"紫凤天吴：《山海经》注为海神。唐杜甫："海图坼波浪，旧绣移曲折。天吴及紫凤，颠倒在短褐。"人居穷困时，将朝服补衣服，故图案颠倒。此言人一堕落，事事颠倒。

②乾坤为天地，电笑言变化莫测。雅颂，正言也，言列强掠夺时，朝廷无善策，徒知弥缝塞责。

③《金楼子》：书名。南朝梁元帝撰，计六卷。水部郎：官名。古代朝廷有设水部，清代未设立。水部郎乃闲官，无事可办。言

上古书籍,已失作用,故用怕听(听亦作追)二字。水部郎闲官,无责任可言。

④去马来舟:喻年年奔走南北。北山翻觉稚圭狂:孔稚圭(德操)作《北山移文》责隐者不能守道,不知有才学之士,应为世用,共济时艰。北山指南京钟山。《北山移文》文载《昭明文选》。

三

寰海惟倾毕士马,逢时差喜卫哀骀。①

风云烟鸟堂堂阵,河洛龟龙的的才。②

秦粟拟同三晋泛,蜀山虚遣五丁开。③

禅心剑气相思骨,并作樊南一寸灰。④

注:①毕士马指德铁血宰相俾士去(即俾斯麦),当时喻为世界强人。时公与夏曾佑、梁启超倡作新体诗,喜运用外国名词。卫哀骀,哀胎驽马,即庄子书中"哀贻它"。南朝徐陵文:"旌奔丘国,采拾卫巷,遂以哀骀不弃,瓮盎无遗。"此指弱者。此句有强弱相比之意。哀骀似指中国显宦而言。

②风云烟鸟,河洛电龙:上句言列强变化不测,《易经》云:"云从龙,风从虎。"烟鸟亦变化难定。下句言列强人才之意。电龙,俊才也。

③秦粟泛晋,五丁开山:《左传》载,晋饥秦济之粟。言同治

中兴时，利用外资购西洋铁甲船、大炮、机械等物。五丁开山，秦惠王时，欲攻蜀苦不得道，乃制石牛于山下，下致黄金。蜀王闻牛能粪金，遂使大力士五丁开凿通蜀道路。虚，空也。是言发展交通。当时政府大臣，反对筑铁路，言妨碍田庐项墓风水，并将京沪方面筑成者拆毁。

④禅心剑气相思骨，并作樊南一寸灰：樊南，原作“淮南”。余忆唐末李商隐诗句：“一寸相思一十灰”。未有《樊南集》，因是用“樊南”二字。言清政府如此作风，令人人心意俱灰。

四

射虎谁言都饮羽，避蛟何处好文身。①

种来天上榆将老，赋到江南草不春。②

为抚铜驼寻洛社，更骑银马降涛神。③

袁公弦上堪容我，温尉桃中别有人。④

注：①射虎饮羽，避蛟文身：射石饮羽事，见《汉书·李广传》，广尝夜射，视石为虎，发矢中之，以后发矢无法射入。避蛟文身，避蛟即避邪恶。古代蛮夷旧俗短发文身。上句言作事无法处处如意。下句言邪恶势力无地可避，虽窜之蛮夷，亦是徒然。公时奉命赴浙候补。越，古代蛮地。

②榆将老，草不春：榆树乃落叶乔木，喻人生易老。草不春，梁庾信奉命使北周。不久梁亡，遂被囚禁，作《哀江南》赋。文句

哀伤感人,读之草木亦无生气。

③抚铜驼,降涛神:上句典故出《晋书·索靖传》,靖见宫门铜驼,叹曰:“余将见汝于荆棘中,知晋室将乱。”降涛神,为伍于胥故事。子胥因谏夫差伐齐见杀,弃尸于江,后化为涛神,乘白马领海涛犯钱塘江。后代称之为浙江湖,死后犹寿厉也。

④袁公弦上,温尉桃中:袁公典故见《吴越春秋》。越有处女善剑戟之术,越王聘处女问之。处女将见王,袁公阻之,处女与袁公斗,袁公善跃,升木化为白猿。温尉二字,余以为温通蕴,尉通慰,桃中指桃本,桃符有镇邪功用,言以蕴慰处之,自有镇邪作用。

五

楚囚辽鹤两无归,重向危时谒帝扉。①
铁骑角声殷地发,玉龙鳞甲满天飞。②
山河风景皆殊异,城郭人民有是非。③
畿甸犹然况邻里,绝粮谁为解匡围?④

注:①楚囚辽鹤,公自况语。楚囚典见《左传》:“郑人所献楚囚也”。辽鹤乃丁令威事。丁辽东人,学道久不返家,及归见城郭如故,人民已非,遂化鹤飞去。公自喻奉命赴京引见,无法返湘。谒帝扉,即赴京师引见。

②铁骑角声,玉龙鳞甲:喻战争。玉龙指刀剑。时当甲午战

败后,日本强割台湾和辽东半岛。俄国约德、法二国出面干涉,所谓三国干涉还辽事件。

③山河风景,城郭人民:言山河异色,人民流离。

④畿,帝畿,帝畿千里,国都附近地。甸,帝畿五百里外。绝粮解匡围。孔子故事。孔子被匡人围,夫子不忧不惧,仍弦歌不绝。匡人佩其精神伟大,即解围去。此言居今时代,弦歌无法解围。

六

莫嫌南宋小京都,勾践钱镠有霸图。[①]

荆棘风鸾魂九逝,人文龙虎泪双粗。[②]

成军自是须君子,亡国偏来作大夫。[③]

剩水残山怜马远,天教留得一西湖。[④]

注:①南宋小京都:南宋国都临安,即今日浙江杭州,春秋时代勾践及五代时钱镠据此称霸。

②荆棘风鸾,人文龙虎:相传凤凰非桐木不栖,栖止荆棘中,自然魂魄飞散。"人文"二字指文化而言。"龙虎"指气象,言一切非往昔,使人泪下。

③成军须君子,亡国作大夫:此公感叹语。左传有句:"不有君子其能国乎?"成军,谓领导众人。

④剩水残山,言国家残破。马远,南宋画家,钱塘人,仕画院

供奉，名列第一。对国家残碎，画家亦无法着笔，故用怜字。

七

大好湖山供宦学，妄凭愚鲁到公卿。①

出为小草陶公愿，谁寄当归魏武情。②

七尺杖抛输葛朴，八分书密愧王荆。③

会稽誓墓徒凄苦，回首师门感易生。④

注：①湖山供宦学，愚鲁到公卿：言大好环境可以充实学养，仗自力日求精进，可致公卿。

②小草陶公愿，当归魏武情：陶公指晋代陶侃，居贫时任县吏，后官入州都督，据守上游，有功晋室。小草，药物名，见《张华传·物志》。人言："处则小草，出则远志，因小草亦名远志。"魏武即曹操，曹操本谯邑人，当其为议郎时，有隐谯东意。曹有言"春夏读书，秋冬猎弋"。谯，安徽亳州。当归亦药物名。

③七尺杖抛输（亦作漓）葛朴，八分书密愧王荆：葛朴即葛洪，东晋道家，喜炼丹砂，相传其杖可化成龙。王荆，即王荆公，宋宰相王安石，拙于书法。此言学道学书，俱无成就。

④会稽誓墓徒凄苦：东晋王羲之，官会稽内史。王述奉朝令按察会稽，羲之弃官去，自誓父母墓前，其辞甚苦。朝廷闻之，遂不复征召。公在金陵候补一年，即弃官返湘，亦素志也。